L'area ionico-tarantina nel quadro della diffusione neolitica

Problematiche e analisi dei rapporti con le culture coeve dell'Italia sud-orientale e del Vicino Oriente

Patrizia Lorusso

BAR International Series 1845
2008

Published in 2016 by
BAR Publishing, Oxford

BAR International Series 1845

L'area ionico-tarantina nel quadro della diffusione neolitica

ISBN 978 1 4073 0332 1

BAR Publishing is the trading name of British Archaeological Reports (Oxford) Ltd.
British Archaeological Reports was first incorporated in 1974 to publish the BAR
Series, International and British. In 1992 Hadrian Books Ltd became part of the BAR
group. This volume was originally published by Archaeopress in conjunction with
British Archaeological Reports (Oxford) Ltd / Hadrian Books Ltd, the Series principal
publisher, in 2008. This present volume is published by BAR Publishing, 2016.

Printed in England

BAR
PUBLISHING

BAR titles are available from:

BAR Publishing
122 Banbury Rd, Oxford, OX2 7BP, UK
EMAIL   info@barpublishing.com
PHONE   +44 (0)1865 310431
FAX   +44 (0)1865 316916
www.barpublishing.com

Premessa

Il presente lavoro si inscrive nel quadro delle ricerche e degli studi sulla diffusione neolitica nell'area ionico-tarantina, condotti dalla scrivente da oltre un decennio in qualità di collaboratore della Cattedra di Civiltà Preclassiche dell'Università degli Studi di Bari e approfonditi nell'ambito della tesi del Dottorato di Ricerca in Storia dell'Arte Comparata, Civiltà e Culture dei Paesi Mediterranei, discussa nel 2005 presso la suddetta Università.

L'obiettivo primario di questo contributo è stata la raccolta sistematica di tutti i dati relativi ai contesti topografici e ai reperti mobili, che ha comportato una riconsiderazione delle fasi della diffusione neolitica a partire dall'analisi delle singole fenomenologie territoriali. Si è avvertita l'esigenza di proporre una preliminare sistematizzazione dei risultati delle indagini, di riordinare e aggiornare le conoscenze, e quindi trarne un bilancio critico, anche attraverso la combinazione di più livelli di analisi.

I dati archeologici sono stati utilizzati secondo una logica interpretativa coerente ma non sempre compatibile con le linee di indagine note e con la genericità di tipizzazioni uniformanti nella definizione delle articolazioni territoriali, dei meccanismi dello scambio e delle relazioni paleostoriche con le coeve culture dell'Italia sud-orientale e del Vicino Oriente mediterraneo.

Per la disponibilità e l'interesse rivolto al mio lavoro, ringrazio il Prof. Biagio Fedele che, in qualità di responsabile scientifico, ha seguito questa ricerca fin dalle prime fasi di impostazione ed elaborazione.

Summary

The Ionian area of Taranto within the frame of the Neolithic diffusion

Problems and analysis of the relations with the coeval cultures of the South-East Italy and Near East

This scientific contribution is part of the frame of the paleoethnological research done regularly in the Ionian area of Taranto (South-East Italy) by Professor Biagio Fedele, chair of Preclassical Civilizations at the University of Bari (Italy).

The stratigraphic surveys periodically done since the 80s within the Neolithic settlement of Montedoro (Grottaglie, Taranto), north-east slope of the Basin of the Small Sea of Taranto, have highlighted aspects and problems about the process of neolithization in an area insufficiently studied. My responsible participation to the research constituted an important support to make a detailed analysis of the archaeological and topographic stratigraphys. I gave a relevant contribution to the recovery of the geo-paleoenvironmental data and of the archaeozoological data for the historic and cultural reconstruction of the old built – up area that, with its particular structure, represents a very important testimony in a relevant district of Apulia. It is a settlement which dates back to the Early Neolithic (VI – V millennium B.C.) that, after the climatic and micro-climatic changes was subject to so great transformations that forced the local community to abandon it and to fund a new settlement on the foreshore.

The various campaigns of excavation have defined the structures and typologies of the houses which composed the village. Through prospectings and graphic and stratigraphic surveys we have discovered and analysed huts formed by two rooms (bicellular) and huts with one quite large room. In all these different houses there was a structure for the combustion and the objects for its use. The house was also provided with a well structured duct for the drainage and the collecting of meteoric water in storage tanks excavated in the rock and then plastered. Similar structures are found in the coeval settlements of Apulia and Basilicata, in the Transadriatic, Macedonian and Balkan areas.

Through the stratigraphic sequences we have found archaeological materials that are pertinent to the typologies of the contemporary contexts of South-East Italy. The repertoire of documentation is composed of ceramic and lithic objects, faunal and palinological finds. All these contextualized data make up a significant and unparalleled contribution to an area scarcely known from the preclassical point of view. Today we are able to establish comparisons and check in concrete terms the elements which characterize neolithization in South-East Italy. Besides this research gives us the opportunity to find out the aspects and problems of neolithization in the studied area, establishing a connection with the contemporary paleocultures of the Near East too.

Introduzione

La molteplicità delle problematiche emerse da una serie di indagini sulle dinamiche della diffusione neolitica nel territorio ionico-tarantino pone in evidenza singolari aspetti di una tra le prime aree interessate dall'affermazione dell'economia produttiva.

Va da sè che l'intento primario di questo contributo miri a costituire un valido supporto per una revisione analitica della topografia, delle componenti paleoambientali e, nel complesso, per una attendibile ricostruzione del contesto storico-culturale e socio-economico delle comunità neolitiche del comprensorio ionico-tarantino. L'area in esame, infatti, nella sua unicità strutturale, rappresenta una testimonianza di eccezionale rilievo in un ambito storicamente significativo della Puglia centro-meridionale. Si tratta di un vasto areale che in un secondo momento, nelle fasi finali del Neolitico antico, conseguentemente alle variazioni climatiche e microclimatiche, evidenzia uno stravolgimento tale da indurre i gruppi antropici al riposizionamento sulla linea di battigia dopo l'abbandono degli insediamenti del retrocosta.

Tale territorio si configura come area di confluenza di differenti realtà culturali, centro di collegamenti, punto catalizzatore di vie di comunicazione e di scambi di varia natura e provenienza. Le prime manifestazioni culturali neolitiche sono dunque la risultante di processi di sviluppo e di nuovi fermenti ben testimoniati nel territorio indagato e rapportati ai comprensori limitrofi, in particolare quello materano-ofantino e la costa adriatica della Puglia centro-meridionale. Dalle ricerche e dagli studi deriva una conferma del progressivo consolidamento di una rete di collegamenti documentati da contatti e scambi che, nel corso delle successive fasi, si tradurrà in una polarizzazione dei rapporti tra area ionico-tarantina, Italia sud-orientale, regioni transadriatiche e Vicino Oriente.

Dalle indagini è emersa una notevole varietà di aspetti – intrinseci alla poliedricità e alla complessità della diffusione neolitica – in cui convergono differenti fattori come l'incidenza dei sostrati culturali di tradizione mesolitica, le componenti paleoambientali, le strategie insediative, la gestione e organizzazione delle risorse e le reti di scambio. I risultati delle ricerche, in particolare di quelle effettuate nel versante nord-orientale del Bacino del Mar Piccolo di Taranto, hanno contribuito ad integrare i dati per una ricostruzione topografica analitica, che ha confermato una distribuzione insediativa localizzata su pianori e rilievi di media altitudine. È stato inoltre posto in evidenza come le vie di comunicazione, essenzialmente paleoincisioni carsiche – corrispondenti a lame e gravine – e percorsi tratturali, abbiano potuto costituire con la loro disposizione, secondo un orientamento trasversale (Sud/Est-Nord/Ovest), potenzialità di collegamenti tra fascia costiera ionica ed entroterra apulo-materano.

Il territorio, è noto, pur vantando numerosi studi che ne hanno messo in luce via via aspetti diversi, ma pur sempre parziali, non è stato ancora oggetto di un'analisi sistematica, in grado di inserire le varie indagini in una visione globale. Torna utile sottolineare come, a fronte di tanta letteratura, il lavoro ha puntato, grazie ad una lunga fase di raccolta ed elaborazione dei dati e di approfondimento delle problematiche paleoculturali, a fornire nuovi prospetti critici. Questo interesse ha fortemente condizionato l'impostazione della ricerca e il rigore del metodo applicato. Conformemente al criterio metodologico di base, la trattazione è impostata sull'analisi delle componenti paleoambientali e topografiche, su un'obiettiva ricostruzione e contestualizzazione della diffusione neolitica, anche in relazione alle comunità coeve dell'Italia sud-orientale e del Vicino Oriente.

Poi, da una serie di confronti con i complessi transadriatici ed egeo-orientali (culture di Körös-Starčevo-Çris-Karanovo e aspetti culturali del primo Neolitico tessalo e tracio-macedone) impostati sull'analisi delle tipologie insediative, delle modalità di circolazione e diffusione di manufatti, modelli e di un linguaggio simbolico evidente nelle prime forme di artigianato ceramico – temi decorativi e plastica antropomorfa – sembrerebbe possibile intravedere prime espressioni di una "*koiné* mediterranea".

Va tenuto presente, però, che la diffusione neolitica nel Mediterraneo è un fenomeno ancora ampiamente dibattuto; problematici risultano sia i progressivi spostamenti di gruppi di provenienza egeo-levantina e transadriatica, sia i differenti processi di acculturazione e di interazione relativi ai substrati mesolitici e ai singoli contesti. È stato finora osservato che su vasti territori, in cui non sono marcate le interferenze con i substrati mesolitici e le condizioni ambientali presentano una certa omogeneità, la documentazione materiale risulta sostanzialmente omogenea; mentre, in altre aree differenti realtà paleoambientali, direttrici di diffusione e incidenze dei substrati locali hanno determinato variabilità di soluzioni. Pertanto, proprio alla luce di tali elementi, il filo conduttore della ricerca ha coinvolto l'analisi topografica come componente costante e sempre criticamente esaminata; è soprattutto dalla realtà insediativa che emergono indicatori relativi alle fasi incipienti della neolitizzazione. Si tratta infatti di aree localizzate su pianori e su rilievi di media altitudine, quali ad esempio, nel caso in esame, gli insediamenti retrocostieri del Bacino del Mar Piccolo di Taranto e del versante litorale sud-orientale, evidentemente per precise esigenze di carattere economico.

In conclusione, la riconsiderazione in chiave problematica della diffusione neolitica si configura come necessità di utilizzare in un sistema interpretativo coerente i dati archeologici attualmente a disposizione, nella convinzione di costituire una prima esegesi di quanto finora edito. Difficoltà oggettive vanno riferite ad una situazione complessa dal momento che i rapporti tra gruppi indigeni di cacciatori e raccoglitori e gruppi portatori di nuove forme di economia si intrecciano in un quadro assai articolato dovuto a tempi e modi diversi della diffusione. Una delle finalità primarie di questo studio è rappresentata pertanto dal tentativo di una preliminare

definizione delle interazioni tra componenti locali di tradizione mesolitica e complessi culturali allogeni.

Più in generale, l'osservazione della distribuzione dei complessi di certa attribuzione al più antico Neolitico, basati in alcuni casi solo su segnalazioni, pone in evidenza potenzialità di documentazione archeologica enorme e, al contempo, contrassegna il territorio in esame come un'area chiave nello studio della diffusione neolitica, un vero e proprio punto nodale tra il Mediterraneo orientale e quello centro-occidentale.

Capitolo I

Dinamiche culturali: paleoambiente, popolamento e civiltà

I.1. Geomorfologia, ecosistema e distribuzione antropica

Le articolazioni territoriali e culturali indicano significative dinamiche di trasformazione come emergono in concreto da una puntuale lettura storica e topografica dell'intero comprensorio ionico-tarantino che, con la sua particolare conformazione fisiogeografica, compresa fra l'Altopiano delle Murge e il Mar Ionio, si configura un'area privilegiata per l'attivazione dei processi alla base della diffusione neolitica[1]. Ad un primo tentativo di classificazione, l'area di riferimento risulta essere parte di un orizzonte regionale più ampio e relativamente omogeneo, nonostante la nota scansione ecologica in fascia costiera, retrocosta ed entroterra, con le relative implicazioni che ne derivano sia sul piano culturale che sotto il profilo socio-economico.

Si ritiene opportuno sottolineare che se tale area trova una relativa omogeneità geografica, a livello geomorfologico e ambientale appare scandita in almeno due differenti "ecosistemi": quello costiero e subcostiero, relativo all'ampio arco ionico-tarantino, articolato in pianura alluvionale occidentale e dune costiere orientali, con i terrazzi pleistocenici digradanti alle sue spalle, e quello dell'entroterra murgiano, con le note potenzialità economiche silvo-pastorali.

È in tale prospettiva che, nel corso del presente lavoro, è stata letta e valutata la stretta connessione tra articolazione territoriale e culturale: ad un'analisi accurata risulta infatti innegabile l'esistenza di una logica globale di occupazione del territorio. Ancora, pur meritando ciascun contesto un'analisi particolare, legata a modalità di occupazione del territorio che ogni sito presenta, pare di scorgere una medesima logica generale. Infatti, sia dal punto di vista geografico ed ecologico che sotto il profilo delle dinamiche paleoculturali, l'area in esame appare come parte integrante di "sistemi regionali" più ampi, entro cui andrebbero colti e inquadrati aspetti e problemi dei processi paleostorici alla base della diffusione neolitica, per una corretta comprensione degli stessi. Non a caso, senza applicare deterministicamente un modello insediativo astratto, sembra che una costante nelle scelte territoriali sia l'occupazione dei pianori dei terrazzi retrocostieri. L'ubicazione degli insediamenti presso i pianori dei terrazzi è un dato ricorrente che, di certo, ha costituito un'ottima difesa naturale, facilità di approvvigionamento idrico ed un'agevole discesa verso la costa. Poi, sempre nell'ottica della gestione delle risorse territoriali, le indagini topografiche hanno contribuito in misura significativa a segnalare l'interazione dinamica tra quadri microambientali con diverse potenzialità di sfruttamento e sviluppo: è emerso che nella piana del Golfo di Taranto gli abitati sorgono su suoli ad alto potenziale agricolo, disposti a quote differenziate sul mare, da 10-18 m fino al primo salto della Murgia tarantina, intorno ai 100 m; mentre nel

---

[1] Un riesame della realtà topografica e geoarcheologica ha posto in evidenza come, anche sul piano geomorfologico, l'intero quadro territoriale e ambientale dell'area ionico-tarantina risulti alquanto articolato: le rocce più antiche affioranti sono costituite da sedimenti carbonatici depostisi durante il Mesozoico; gli affioramenti riferibili al "Calcare di Altamura", formazione costituita da strati calcarei compatti, sono riferibili al Cretaceo superiore-Senoniano. Si ritrovano subito a nord di Crispiano; fra Crispiano e Pulsano, sul fondo delle più importanti e profonde incisioni torrentizie; in corrispondenza dell'abitato di San Giorgio Jonico e subito a nord del Bacino del Mar Piccolo di Taranto. A varie altezze sulla successione dei carbonati mesozoici, si conservano le testimonianze di una copertura sedimentaria, ormai frammentata dall'erosione, depostasi nel corso di una profonda avanzata del mare sulle terre; questa trasgressione, protrattasi dal Pliocene medio al Pleistocene inferiore, ha consentito l'accumulo di calcareniti costiere (*Calcareniti di Gravina*) e di argille (*Argille subappennine*). Le *Calcareniti* presentano alla base un sottile e discontinuo livello di conglomerato, indicatore dell'originaria spiaggia ciottolosa che ha segnato la progressiva ingressione marina. Affiorano estesamente fra Massafra, Grottaglie e San Giorgio Jonico, a ridosso della scarpata murgiana. I terreni plio-pleistocenici sono in più luoghi coperti da sottili spessori di calcarenite – tipo *panchina* – che, derivati da variazioni cicliche del livello del mare combinate con il sollevamento della regione, hanno modellato una gradinata di terrazzi che scende dalla quota di 200 m al livello del mare, cfr. MASTRONUZZI *et al.* 1999.

comprensorio nord-orientale del Bacino del Mar Piccolo di Taranto, i siti incidono su una fascia insediativa a quote più elevate, tra i 70 e i 200 m slm.

In tale logica, ben si inserisce ai fini di una preliminare definizione delle dinamiche antropico-ambientali il sito di Montedoro (Grottaglie, Taranto), a Nord-Est del Bacino del Mar Piccolo. La località comprende una vasta zona situata nel versante meridionale del comune di Grottaglie (F. 202 II N.E., I.G.M. 1: 25000), mentre l'area dell'insediamento neolitico occupa soltanto la sommità piana di una collinetta calcarea, isolata sul fianco settentrionale di una depressione valliva segnata da una paleoincisione torrentizia[2].

È stato osservato come la collocazione topografica ha permesso al sito di dominare il paesaggio circostante movimentato da una serie di gibbi collinari arrotondati o terrazzati, costituiti da terreni pliocenici modificatisi nell'Olocene recente e attualmente coltivati a vigneto. Assai significativa è poi la situazione geomorfologica dell'insediamento che mostra indizi di un evidente sfruttamento agricolo della zona da parte delle prime comunità neolitiche. L'area infatti costituisce un ampio bacino di drenaggio delle acque meteoriche del contrafforte murgico martinese terminante nel Mar Piccolo e, per la sua natura morfo-pedologica, ben si presta ad uno sfruttamento agricolo di tipo intensivo. Certamente le peculiarità topografiche riflettono precise strategie insediative orientate verso la selezione di morfologie collinari, in un paesaggio pianeggiante caratterizzato da impaludamenti stagionali. Ne deriva pertanto che gli assetti insediativi siano il riflesso di scelte mirate ad un sistematico sfruttamento di diversi "ecosistemi".

Più in generale, l'antropizzazione del territorio ionico-tarantino coincide, è noto, con l'*optimum* climatico olocenico. Si tratta di una fase paleoecologica corrispondente alla stabilizzazione del clima temperato – climatizzazione neotermale – in cui si avvia un evidente processo di antropizzazione favorito sia da condizioni ambientali idonee allo sfruttamento delle risorse marine che dal potenziale agricolo costituito da ampie aree umifere terrazzate lungo i fianchi delle incisioni paleotorrentizie.

In tale prospettiva, si è sentita l'esigenza di riesaminare i risultati delle indagini territoriali, intraprese da B. Fedele[3] negli anni Sessanta, nel tentativo di dare una fisionomia definita ai contesti storico-culturali ed economici delle prime comunità neolitiche dell'area ionico-tarantina. Le ricerche hanno richiesto una serie di fasi d'indagine, analisi geo-topografiche, ricostruzione delle principali direttrici di diffusione culturali e commerciali, confronti con i coevi insediamenti delle regioni transadriatiche basati, per quanto possibile, su una lettura comparativa dei modelli abitativi e sull'individuazione delle affinità tipologiche nell'ambito della produzione materiale.

Ancora, l'individuazione di una serie di siti distribuiti nelle aree di retrobattigia del Bacino del Mar Piccolo di Taranto e di tracce di abitati nel comprensorio nord-orientale dello stesso ha dato voce a numerose ipotesi ed osservazioni. L'analisi topografica ha contribuito ad una metodica ed attendibile identificazione delle tipologie insediative che, nella maggior parte dei casi, sembrano interessare zone acrocoriche, probabilmente correlate al controllo delle direttrici viarie e delle aree pianeggianti. In definitiva sembra di poter affermare che terrazzi, pianori o basse colline trovino una stretta coniugazione con un'attività economico-produttiva di tipo agricolo-pastorale, mentre le incisioni paleotorrentizie rappresentano una delle principali arterie di scambi e di contatti culturali nelle dinamiche antropico-ambientali. Infatti, la localizzazione su pianori e su rilievi di media altitudine non facilmente accessibili, per il controllo del territorio e delle reti di collegamento, è dimostrata dalla distribuzione degli insediamenti. È stato osservato che gli insediamenti interni, a quota più elevata, dominano un ampio tratto del territorio

---

[2] Le indagini territoriali hanno confermato la localizzazione delle fasi incipienti della diffusione neolitica nelle formazioni insediative elevate e stabili dell'interno, dove il potenziale di sfruttamento economico offriva maggiori possibilità di sviluppo, cfr. LORUSSO 2007, p. 162.

---

[3] Per una serie di approfondimenti sugli insediamenti neolitici nei versanti a Sud-Est di Taranto e a Nord-Est del Bacino del Mar Piccolo di Taranto v. FEDELE 1966; 1972; 1988; 1992.

circostante; quelli prossimi alla costa controllano, invece, le zone di retrobattigia e parte della piana costiera olocenica[4].

Inoltre, zone di varia conformazione geologica sembrano corrispondere ad una vera e propria scansione topografica estesa dai margini della pianura costiera fino al limite meridionale dell'altopiano delle Murge martinesi, e articolata in area dei terrazzi marini, piana costiera e litorale[5] (Fig. 1). È stato anche rilevato come i depositi marini terrazzati, variamente incisi da numerosi solchi d'erosione, a ridosso del rilievo murgico ed in corrispondenza di terrazzi più recenti,

presentino un ampio letto fiancheggiato da scarpate di poche decine di metri e risultino idonei allo sfruttamento agricolo[6].

Studi ancora in corso sono tesi a fornire ulteriori dati per una ricostruzione sempre più dettagliata della realtà ambientale, anche in rapporto agli sviluppi socio-culturali[7]. Al momento si può solo affermare che le sequenze analizzate rappresentano il prodotto di una sedimentazione avvenuta dapprima in ambiente marino protetto, di baia, modificatosi poi in ambiente lagunare con scambi sempre più ridotti con il mare aperto[8].

Le indagini effettuate nel versante sud-orientale

---

[4] LORUSSO 2007.

[5] Si ricordi che il territorio ionico-tarantino corrisponde ad una grande depressione valliva, orientata in direzione NW-SE, che si articola in tre settori ben distinti a livello geomorfologico: il settore occidentale caratterizzato da un andamento batimetrico assai irregolare, con zone sollevate e depresse; il settore orientale da un regolare approfondimento dalla costa verso il mare; quello centrale da una depressione allungata con direzione NW-SE. Ancora, la differenza fra i versanti è dovuta principalmente al fatto che i corpi profondi hanno influenzato la morfologia superficiale a causa delle diverse condizioni strutturali; infatti nella zona valliva di Taranto vengono a contatto l'Avampaese pugliese, l'Avanfossa bradanica e le coltri alloctone dell'Appennino meridionale, cfr. CIARANFI et al. 1971, p. 296, fig. 1; DAI PRA, HEARTY 1988, p. 638, fig. 1; RICCHETTI 1980, p. 423, fig. 1; SENATORE 1987, p. 198, fig. 16; SENATORE et al. 1980, fig. 1. L'Avampaese pugliese presenta un substrato calcareo-mesozoico ricoperto da terreni terziari e plio-quaternari con numerose faglie ad andamento NW-SE, che scendono a gradinata verso SW, cioè verso il fondo della Valle di Taranto. Il lembo più esteso dei *Calcari delle Murge* costituisce le Murge alte di Martina Franca (tra M. Pianelle e M. Trazzonara), nella parte settentrionale dell'area; i calcari però affiorano anche più a sud su aree meno estese, in genere allungate in direzione appenninica (nei dintorni di Grottaglie e fra Montemesola, S. Giorgio Jonico e Roccaforzata) e nelle vicinanze di Taranto. Le *Argille del Bradano* affiorano estesamente nei dintorni di Montemesola, di Grottaglie, di Roccaforzata e in lembi residui nei pressi di Monteiasi e del Mar Piccolo di Taranto. I *sedimenti postcalabriani*, depositi in prevalenza calcarenitici, affiorano nel territorio compreso tra Montemesola, Grottaglie, Monteparano, Roccaforzata e S. Giorgio Jonico, cfr. CIARANFI et al. 1992; GUERRICCHIO, MELIDORO 1986; RICCHETTI 1970. Va detto anche che la morfologia del territorio è stata condizionata dalle variazioni eustatiche del livello del mare nel corso delle prime fasi del Quaternario e risulta pertanto caratterizzata da vari ordini di terrazzi di abrasione marina, cfr. CALDARA, PENNETTA 2002; SENATORE et al. 1980, fig. 2.

[6] È noto che a partire dal Pleistocene medio l'interazione fra il sollevamento delle Murge, legato in modo diretto all'orogenesi appenninica, e le oscillazioni del livello marino, dovute all'alternarsi di fasi glaciali ed interglaciali, ha prodotto il modellamento dei cosiddetti terrazzi marini. Alcuni di essi corrispondono a superfici intagliate dall'azione del moto ondoso, mentre altri rappresentano superfici di accumulo di sedimenti marini costieri generalmente di ridotto spessore, detti *panchine*. L'ampiezza dei terrazzi dipende, oltre che dalla frequenza dei movimenti tra il mare e il continente, da fattori locali: essa è maggiore dove era minore l'acclività del substrato invaso dal mare durante le varie fasi trasgressive. Agli allineamenti in pianta delle antiche linee di costa, tanto più facilmente individuabili quanto maggiore è l'ampiezza dei terrazzi, va aggiunto l'andamento della potenza dei depositi terrazzati che offre elementi utili per correlare tratti delle stesse linee di costa interrotti dall'erosione continentale o marina o situati a quote diverse a causa di movimenti verticali differenziali del continente. Ai margini del Mar Piccolo, i depositi terrazzati presentano due antiche linee di costa abbassatisi l'una da m 60 a m 45 (da NO verso SE: Masseria Leucaspide, m 60; Masseria del Carmine, m 50; Torre Rossa, m 50; Masseria Torre Bianca, m 45; S. Giorgio Jonico, m 45; Faggiano, m 45; S. Crispieri, m 45; Lizzano, m 45) e l'altra da m 35 a m 20-25 (Masseria S. Giovanni Vecchia, m 35; Masseria Murimaggio Nuovo, m 35; Masseria La Riccia, m 30), cfr. COTECCHIA, MAGRI 1967; SENATORE 1987, p. 179, fig. 1.

[7] Certamente, se gli studi in corso sulle variazioni delle linee di costa e del livello del mare confermassero l'esistenza di un ambiente di tipo lagunare agli inizi dell'Olocene, ideale per la nascita e lo sviluppo dei primi nuclei abitativi a carattere perilacustre, si riproporrebbe anche per il territorio qui considerato il modello insediativo dell'area pericostiera murgiana e del Tavoliere foggiano. Si vedano a questo proposito ALLOCCA et al. 2000; MALLEGNI, USAI 1996. Per un dettagliato studio relativo alle dinamiche antropico-ambientali dei contesti pugliesi del Neolitico Antico si rimanda ad un recente contributo di A. Manfredini (2002a, pp. 169-171).

[8] DINI et al. 1996.

dell'area ionico-tarantina, caratterizzato geomorfologicamente da zone collinari, terrazzi digradanti verso il mare, piccoli pianori pongono in evidenza un'intensa distribuzione insediativa, localizzata specialmente lungo la fascia costiera e nell'immediato retrocosta[9] (Figg. 2-3). Tra i principali siti costieri e grotte di frequentazione risultano Grotta dell'Erba (Avetrana), Terragne e Chidro (Manduria), lungo l'omonimo torrente, Torre Borraca (Maruggio) sulla spianata rocciosa del fianco orientale di una paleoincisione, Le Conche (Lizzano) su una lieve altura calcarenitica, La Torretta e Morrone Nuovo (Pulsano), Capanna Longo (Leporano). Nell'immediato retrocosta, in un contesto paleoambientale con pedogenesi altamente umifera, sono distribuiti gli insediamenti di Masseria Fontana (Lizzano), Masseria Cotugno (Torricella), Casa Straccione (Maruggio) e Masseria Specchiarica (Avetrana). Nell'entroterra, poi, si segnalano i siti di Masseria Barbuzzi (Monteparano), contrada S. Sofia (Fragagnano), Montefusco (S. Giorgio Jonico), Masseria Cicena (Carosino), Monte della Foggia, Montedoro, Masseria Melia e Masseria Capitolo (Grottaglie), Masseria Era (Montemesola).

Sul versante meridionale dell'insenatura interna del Golfo di Taranto, una serie di segnalazioni ha contribuito ad integrare la documentazione relativa alle tipologie insediative[10]. Gli insediamenti prediligono il paleoambiente lagunare del Mar Piccolo di Taranto di cui si va meglio definendo la configurazione geologica, anche in relazione alle variazioni della linea di costa. La distribuzione insediativa perilitorale si dispone sui pianori del versante meridionale del Mar Piccolo e sulla costa alta del Mar Grande. I siti risultano localizzati alle quote più alte – La Croce, Cimino, Il Fronte, Casino, Masseria S. Pietro e Pizzone – e propongono moduli insediativi distribuiti intorno ad un habitat corrispondente ad un contesto lagunare temperato dalle acque dolci – citri – che sfociano nel bacino mitigandone le condizioni salmastre[11]. Nel versante centro-settentrionale, la distribuzione insediativa si concentra lungo la fascia portuale del Mar Grande, dal promontorio di Capo S. Vito a Punta Rondinella, e presso le zone acrocoriche a nord-est e a sud-est dell'attuale città di Taranto, delimitate da piccole incisioni paleotorrentizie o situate in prossimità di risorse idriche. Lungo il primo gradino delle Murge martinesi, testimonianze di presenze neolitiche provengono da Monte Fellone (Martina Franca), Monte S. Angelo (Statte) e Monte Salete (Grottaglie)[12], mentre intorno all'area pianeggiante dell'attuale centro urbano sono stati individuati i siti di Capo S. Vito, Pizzone - Villa Pepe, Arsenale Militare, S. Domenico, Cimino - Raho, Montefusco, Scoglio del Tonno, Masseria Bellavista, Punta Rondinella. In particolare, sulla sponda orientale del Bacino del Mar Piccolo si rileva una fitta distribuzione di insediamenti disposti a "corona", che occupano le alture in prossimità delle incisioni carsiche o dei grandi solchi vallivi[13].

Accanto a queste evidenze, una concentrazione insediativa appare accertata anche nel versante nord-occidentale del Mar Grande[14] come

---

[9] È emersa una predilezione per l'ambiente umido del Mar Piccolo, evidente in una distribuzione insediativa regolare lungo i margini del Bacino interno e sulla costa a sud-est di Taranto, già segnalata da B. Fedele (1972). Per ulteriori indagini relative al Sud-Est tarantino va menzionata una serie di comunicazioni e interventi di M.A. Gorgoglione (1987, 1988, 1990, 1991a, 1995a, 2002). Nell'ambito dell'attività di tutela del territorio, ad opera della Soprintendenza Archeologica di Taranto, si ricordano anche gli interventi effettuati da M.A. Gorgoglione (1975, 1986a, 1994c) presso l'insediamento di Torre Borraco e il territorio di Avetrana.

[10] COPPOLA 2002; LACARBONARA, LADDOMADA 2002.

[11] Va precisato che solo La Croce e Cimino sono stati oggetto di scavi estensivi; per gli altri insediamenti, invece, sono state effettuate valutazioni preliminari delle strutture e dei materiali, cfr. GORGOGLIONE 2002, p. 777.

[12] Contributi relativi all'antropizzazione sia dell'area murgiana tarantina, in particolare del territorio di Martina Franca, che del comprensorio contermine brindisino si devono a D. Coppola (1980; 1981b; 1983; 1996; 2002).

[13] Una mappa della distribuzione insediativa, relativa alla localizzazione dei siti neolitici nel comprensorio ionico-tarantino, in particolare nel versante orientale del Bacino del Mar Piccolo di Taranto, è stata pubblicata da M.A. Gorgoglione (1996, tav. 9). È da tenere presente la necessità di integrare la documentazione archeologica e topografica finora edita con alcuni siti quali Montedoro, Masseria Capitolo, Masseria Melia, Grotta di M. Fellone, Masseria Caprarica individuati proprio nel versante orientale del Bacino.

[14] Uno studio topografico e archeologico, finalizzato ad una preliminare definizione della realtà insediativa neolitica del versante occidentale del comprensorio territoriale ionico-tarantino, si deve a M.A. Gorgoglione

indicano i siti di Scoglio del Tonno, La Croce[15], San Domenico[16], Capo Rondinella[17].

Nel versante occidentale invece le scelte topografiche risultano fortemente condizionate dalla geomorfologia della zona, in particolare dalla presenza di strati di deposito alluvionale. Soltanto la fascia retrocostiera restituisce sporadiche testimonianze provenienti dai territori di Massafra, Palagiano, Castellaneta, Ginosa[18].

Da quanto detto, la conoscenza della successione degli eventi quaternari, in parte ricostruita attraverso l'individuazione e la correlazione delle antiche linee di costa e dei relativi terrazzi interessati dalle prime forme di economia produttiva, risulta di importanza determinante per la comprensione delle dinamiche antropico-ambientali nel corso della diffusione neolitica (Figg. 4-5). Va osservato che, nella ricerca di costanti nelle scelte ambientali dei più antichi gruppi neolitici, evidenti fenomeni di alterazione della linea di costa complicano le indagini topografiche e i tentativi di ricostruzione paleoambientale[19]. I

resti delle superfici di regressione, interessate dall'antropizzazione neolitica, formano oggi una serie di terrazzi posti a quote via via decrescenti verso il mare (tra la quota 200 e il livello marino) e limitati a monte da altrettante linee costiere ad andamento subparallelo a quella attuale. I terrazzi più antichi – posti a quote più elevate – si individuano ad alcuni chilometri nell'entroterra, mentre i più recenti e meno elevati si sono formati presso l'attuale riva del Mar Piccolo (Fig. 6).

Tuttavia, per non incorrere nel rischio di omologare situazioni costituzionalmente differenti, e pur tenendo conto del fatto che lo stato attuale della documentazione non possa considerarsi definitivo, si è ritenuto corretto indicare che, per le fasi più antiche del Neolitico, il popolamento dell'area in esame è attestato da una significativa presenza di siti di diversa estensione distribuiti dall'attuale fascia costiera fino ai primi terrazzi dell'entroterra ionico. In base alla documentazione al momento disponibile, la distribuzione dei villaggi del Neolitico Antico sembra interessare abitati disposti su pianori che gravitano su larga estensione di potenziale agricolo[20]. Le caratteristiche topografiche e insediative riflettono scelte specifiche, rivolte a morfologie collinari per l'impianto degli abitati, in un

---

(1991b, 1994a, 1996, 1999). È stata infatti individuata una circoscrizione insediativa sul versante nord-occidentale del Mar Grande, già segnalata da Q. Quagliati (1900) e confermata dagli scavi effettuati nei villaggi di La Croce e Punta Rondinella, rispettivamente ad opera di M.A. Gorgoglione (1989) e M. Accogli (1981).

[15] Il villaggio neolitico di La Croce, collocato ad una quota di m 17-18 s.l.m., è circondato da un fossato dalla larghezza di m 2-3 che delimita il pianoro. Il rapporto insediativo più stretto è tra La Croce e San Domenico poichè le datazioni al C[14] calibrate relative a quest'ultimo sito sono relative ad una fase compresa tra la fine del VI e la prima metà del V millennio a.C. Si tratta di datazioni radiometriche effettuate da formazioni stratigrafiche di abitato, da strutture di ambienti tagliati nella calcarenite e collocati su lembi di formazione più antica, rispetto alla fase meglio contestualizzata del V millennio, caratterizzata dalle ceramiche dipinte a bande rosse, cfr. GORGOGLIONE 1989; 1999.

[16] Le presenze insediative già attestate dal convento di San Domenico sono il risultato degli scavi intrapresi dalla Soprintendenza Archeologica della Puglia, cfr. GORGOGLIONE 1996.

[17] GORGOGLIONE 1994b.

[18] FEDELE 1992; SANTORO 1998.

[19] In particolare, l'andamento delle linee di riva sembra indicare che l'attuale Bacino del Mar Piccolo di Taranto ha cominciato a delinearsi a livello geomorfologico in un'epoca immediatamente successiva al deposito dei sedimenti del terzo ciclo marino postcalabriano: infatti, mentre le linee di riva e i sedimenti dei cicli più antichi si estendono ad est dell'area in esame indicando una

comunicazione tra il Mar Ionio e il Mar Adriatico, le linee di riva e i depositi dei cicli più antichi formano, nella zona fra Montemesola, Grottaglie, Monteparano e S. Giorgio Jonico, archi di cerchi concentrici e sempre più vicini all'attuale linea di costa del Mar Piccolo. Per il Bacino di Montemesola, nell'areale nord-orientale del comprensorio ionico-tarantino, si segnalano i contributi di N. Ciaranfi, G. Nuovo, G. Ricchetti (1971). Un lavoro più recente si deve ad A. De Marco, M. Moresi e G. Nuovo (1981). Per il versante orientale del Bacino del Mar Piccolo di Taranto si rimanda inoltre ai contributi di C. Battista (1987) e di M.R. Senatore (1980), in collaborazione con altri Autori.

[20] Si assiste all'attivazione di un processo di selezione di specie vegetali strettamente legato a forme stabili di utilizzazione dei suoli; la razionalizzazione produttiva cerealicola, prima forma del processo di neolitizzazione, ha luogo verso la fine del VII millennio a.C. La copertura vegetale risulta caratterizzata da una limitata componente arborea di tipo querceto misto, dalla presenza di cariossidi di cereali e da una consistente componente erbacea; sembra trovare una conferma nell'industria litica in cui sono evidenti strumenti di tradizione romanelliana (in particolare grattatoi circolari) e castelnoviana (in particolare trapezi).

paesaggio pianeggiante probabilmente caratterizzato da impaludamenti stagionali[21]. Si tratta infatti di una strategia che ben si coniuga con le dinamiche insediative relative alle prime fasi del processo di sedentarizzazione[22].

L'occupazione della fascia litorale mostra caratteri di continuità: una serie di villaggi indica la predilezione per l'ambiente umido del Bacino del Mar Piccolo, con un allineamento regolare lungo i margini del bacino interno e sulla costa a sud-est di Taranto. Ne è un esempio il sito di Terragne (Manduria, Taranto)[23], posto su una bassa collinetta e circondato da formazioni alluvionali argillose, dal significativo toponimo di "Le Padule"; più a sud, il territorio di Gallipoli rivela una serie di significative occupazioni: Samari, Torre Sabea, Serra Cicora, Campi Latini[24]. In prossimità della costa, Torre Sabea e Samari sono in relazione con gli antichi cordoni dunari: Torre Sabea è attualmente sulla battigia, Samari si affaccia su un'ampia zona ora paludosa.

Si deduce che, nel complesso, la ricostruzione del paesaggio antropizzato ha reso possibile una puntuale lettura delle modificazioni paleoambientali: l'occupazione della fascia litorale ionico-tarantina sembra confermare la predilezione per l'ambiente umido del Mar Piccolo, con un allineamento regolare lungo i margini del bacino interno e sulla costa a sud-

est di Taranto[25]. Nelle aree retrocostiere, invece, elemento chiave del paesaggio diviene la lama, in primo luogo per le potenzialità di risorse di cui era tramite tra cui l'ampio controllo territoriale ed il collegamento diretto tra zone litorali ed entroterra[26]. La frequentazione di tale ambiente, probabilmente maturata nel Mesolitico in relazione alle attività di raccolta, caccia e pesca, dovette costituire un elemento favorevole per la rapida assimilazione delle innovazioni economiche e culturali.

È stata inoltre confermata, attraverso una rilettura geoarcheologica del territorio, la problematica topografica di un modello alternato di frequentazione e abbandono della piana derivato da precise scelte di carattere economico, nonché condizionato da fattori ambientali. Il dato più interessante è costituito dalla probabile presenza lungo la fascia costiera di cordoni dunari, che possono aver favorito l'instaurarsi di ambienti di tipo lagunare costiero e/o lacustre retrodunale, ideali per lo sviluppo di primi nuclei abitativi stanziali[27].

È noto, in generale, che le più antiche tracce di modificazioni nell'assetto territoriale, determinate dalla diffusione di un nuovo modello di economia, appaiono ben documentate nel Sud-Est italiano e forse precocemente rispetto al resto della Penisola[28].

---

[21] In generale, il quadro paleoambientale delle fasi antico oloceniche sembra interessato da un clima Atlantico, che ha certamente favorito la formazione di impaludamenti dei terreni argillosi circostanti.

[22] Da un'analisi generale dei sistemi insediativi si deduce che «Lo schema insediativo è da considerare non come un prodotto accidentale, in un certo senso condizionato soprattutto dalle attività di sussistenza, ma anche come l'espressione di regole e valori socialmente determinati. Una comunità non vive e non produce in un vuoto sociale, la scelta del luogo di insediamento, la sua durata, continuativa o meno, i cambiamenti di destinazione, le ristrutturazioni successive delle singole unità abitative o dell'intero insediamento sollevano problemi di grande portata...», cfr. CIPOLLONI SAMPÒ 1991, p. 55.

[23] Per il territorio di Manduria vanno segnalati i contributi di L. Neglia (1978) e, in particolare per lo studio di Terragne, quelli di M.A. Gorgoglione (1988, 1991a, 1995a, 1995b). Ulteriori indagini sul territorio di Manduria sono a cura di L. Lepore (1990, 1991) e di G. Russo e P. Tarentini (1980-87).

[24] MANFREDINI 2002a.

[25] Si tratta di una serie di osservazioni, da tempo rilevate e pubblicate da B. Fedele (1972), che mette in evidenza una capillare occupazione del territorio strettamente dipendente da condizioni ecologiche tali da richiedere differenziati processi di adattamento.

[26] Se si tiene presente il modello di diffusione costiera e insulare della nuova economia produttiva – ipotizzato per il Mediterraneo orientale – i più antichi villaggi di agricoltori presentano un'economia dai caratteri pienamente neolitici a partire dalla fascia di antichi cordoni dunari della costa in un ambiente di tipo lagunare, di cui restano però rarissime tracce a causa delle variazioni della linea di costa, cfr. SANLAVILLE 1997.

[27] Le indagini sulle variazioni della linea di costa e del livello del mare nelle fasi iniziali dell'Olocene sembrerebbero evidenziare una oscillazione generale per il Mediterraneo intorno a -10/15 m, in corrispondenza del Neolitico Antico, cfr. ANTONIOLI, LEONI 1998; DAI PRA, HEARTY 1988.

[28] Dalle ricerche in corso emerge la necessità di tener conto di una pluralità di elementi che ipotizzino una serie di soluzioni, localmente articolate, nel tentativo di correlare tra loro specifiche situazioni ambientali con dati di carattere archeologico. Osserva a tal proposito A. Manfredini (1991a, p. 229): «Abbandonando l'ipotesi di

Va tuttavia sottolineato come, se si fa riferimento al modello di diffusione neolitica costiera e insulare, l'ambiente delle piane costiere, oggi complessivamente modificato dalle variazioni climatiche e della linea di costa, che studi in corso ipotizzano agli inizi del Neolitico alla profondità di -15 rispetto all'attuale, debba aver rappresentato in modo nient'affatto casuale né di secondaria importanza il contesto paleoecologico delle fasi di passaggio all'economia di produzione. Dai dati attualmente a disposizione sembra possibile poter cogliere poi alcune costanti ambientali nell'ambito della diffusione neolitica. L'individuazione di contesti paleoecologici naturalmente produttivi e diversificati, in cui hanno avuto luogo le prime sperimentazioni agricole, potrebbe permettere di definire aree e momenti nodali nell'affermazione dell'economia produttiva nel Mediterraneo[29]. In tal modo, proprio in base agli indicatori paleoecologici, si verrebbero a precisare, almeno localmente, concetti altrimenti generici quali quello di diffusione e di progressiva acculturazione[30].

1.2. Problematiche metodologiche e prospettive interpretative

Un aspetto che necessita di una riconsiderazione emerge dai recenti orientamenti della ricerca e dall'attuale dibattito scientifico, entrambi rivolti alla definizione epistemologica di processo di neolitizzazione e Neolitico Antico[31]. Va subito osservato come i due termini siano stati spesso posti, in modo a volte improprio e del tutto arbitrario, sullo stesso piano fino ad assumere addirittura lo stesso significato. Si dovrebbe invece ricorrere ad un uso più proprio mirato ad indicare con il termine neolitizzazione un processo in atto, indicatore dell'insieme dei fattori alla base del passaggio da un'economia di predazione ad un'economia di produzione e alle connesse trasformazioni tecnologiche e socio-culturali, mentre con la definizione di Neolitico Antico un esito finale della neolitizzazione. È noto che tale processo comporta una trasformazione delle strutture (sociali, culturali, economiche, ecc.) che definiscono i gruppi di cacciatori-raccoglitori mesolitici. Va detto, però, che

---

una espansione indifferenziata dei gruppi neolitici, avanzati progressivamente in territori favorevoli all'agricoltura (quali gli ampi terrazzi fluviali, le pianure alluvionali, i terreni a löess), ci siamo soffermati piuttosto ad esaminare situazioni ambientali particolari dove, a nostro avviso, può essere avvenuta la prima sperimentazione agricola: tali sembrano essere, ad esempio, aree costiere dove foci di fiumi, delta, estuari, potessero aver creato zone umide di ristagno d'acqua (paludi, laghi salmastri, stagni, lagune)».
[29] È noto che la comparsa dell'economia di produzione, considerata generalmente come uno dei principali indizi della neolitizzazione, non sempre assume un ruolo fondamentale nel sistema economico complessivo. Nell'areale europeo orientale, questo segnale può essere ritenuto valido soltanto per una parte del territorio, soprattutto per i suoi centri meridionali, mentre in una serie di regioni più settentrionali durante tutto il Neolitico le forme produttive di economia non comparvero affatto o ebbero un ruolo economico molto modesto, alla base del quale rimanevano le note forme dell'economia di predazione.
[30] Da recenti studi archeobotanici risulta che «Il modello della diffusione, più semplice ed immediato, nasce dall'effettiva constatazione di una progressione del fenomeno da Oriente verso Occidente, lungo un arco temporale relativamente lungo. L'agricoltura e l'allevamento nelle aree progressivamente neolitizzate dell'Europa sembrano fondarsi su quello stesso gruppo limitato di specie selezionate nel Vicino Oriente, da lì

importate e messe a coltura...L'orzo, il farro, il monococco, i frumenti nudi e le prime leguminose appaiono nei siti europei più antichi insieme o in progressione, ma sempre in sostituzione delle specie raccolte per l'alimentazione dalle popolazioni mesolitiche», cfr. CASTELLETTI, ROTTOLI 1998, pp. 16-17.
[31] Il termine neolitizzazione indica l'insieme dei processi che ha contribuito al passaggio da un'economia di predazione ad una di tipo produttivo, con una serie di trasformazioni di natura socio-culturale ed economica e di innovazioni tecnologiche come la presenza di specie vegetali coltivate, di animali domestici, di ceramica, di manufatti litici levigati. Si verificano, però, alcune situazioni in cui tali aspetti non ricorrono nel contempo; in alcuni casi, siti con un'economia produttiva e con un'articolata struttura insediativa non presentano ceramica, mentre altri siti dove è presente la ceramica hanno un'economia ancora di tipo acquisitivo. Ne deriva che l'immagine delle culture neolitiche caratterizzate da alcuni fattori ritenuti inscindibili, quali economia sedentaria e produzione ceramica, andrebbe rivista. Il passaggio alla sedentarizzazione, infatti, non corrisponde in tutti i casi ad una completa neolitizzazione. Risulta pertanto necessario considerare una notevole varietà di situazioni in cui convergono differenti fattori come l'incidenza dei sostrati culturali, le caratteristiche ambientali, la gestione e organizzazione delle risorse, le strategie insediative, gli aspetti socio-demografici, le direttrici di diffusione e le reti di scambio.

soprattutto per l'Italia sud-orientale il Mesolitico resta ancora da definire. Il fenomeno di acculturazione delle comunità mesolitiche è di certo molto complesso e passa attraverso molte variabili, quali in primo luogo il peso che le variazioni ambientali e i processi di adattamento hanno assunto nell'articolazione dei contesti sociali ed economici. Tali processi, poi, sebbene presentino delle costanti generali, sono comprensibili solo se analizzati territorio per territorio in relazione dialettica con i substrati mesolitici ed i relativi presupposti economici e ambientali.

Ancora, nell'ambito dell'economia di sussistenza il Mesolitico, considerato a lungo una fase di transizione, ha acquisito una propria identità traducendosi in una fase di elaborazione delle dinamiche economiche, della gestione e della organizzazione delle risorse all'interno delle componenti locali. Dall'elaborazione dei dati derivano variabilità nella distribuzione ed utilizzazione spaziale e temporale delle risorse e una pluralità di modelli di sfruttamento territoriale di aree complementari.

Nel complesso, il quadro culturale che gli studi più recenti stanno mettendo in luce indica, nella visione d'insieme peninsulare ed insulare delle prime comunità neolitiche, una compresenza di gruppi a diversi gradi di trasformazione culturale, in rapporto anche alle nicchie ecologiche. Una precisazione appare doverosa poiché la discussione teorica non investe il solo livello di acculturazione, quanto piuttosto il peso che la tradizione mesolitica locale ha radicato come risposta alle esigenze funzionali. Un aspetto oggi particolarmente riconsiderato riguarda la prospettiva metodologica che ha influenzato e continua ad influenzare la ricerca relativa all'individuazione delle prime fasi della diffusione neolitica dell'Italia sud-orientale e del Bacino mediterraneo[32]. Studi e ricerche sul

paleoambiente sono risultati di notevole supporto ad un inquadramento più organico della topografia culturale e degli sviluppi sociali ed economici delle prime comunità neolitiche[33]. I cambiamenti paleoambientali hanno di certo determinato una maggiore attenzione verso tutte le risorse naturali, un crescente sfruttamento dei vegetali ed una serie di innovazioni economiche, tecnologiche e socio-culturali[34].

Preistoria e Protostoria (1987); il Seminario Internazionale di Rossano Calabro del 1994, dal titolo *Forme e tempi della neolitizzazione in Italia meridionale e in Sicilia* pubblicato nel 1996 a cura di V. Tiné; il Convegno di Udine del 1999 *La Neolitizzazione tra Oriente e Occidente*, a cura di A. Pessina, G. Muscio (2000), nel quale la ricerca di nuove chiavi di lettura e l'apertura al più vasto scenario del mondo mediterraneo hanno costituito un notevole passo avanti nello studio della neolitizzazione. Ritengo inoltre doveroso citare il Catalogo della Mostra di Udine *Settemila anni fa il primo pane. Ambienti e culture delle società neolitiche* pubblicato a cura di A. Pessina e G. Muscio (1998) e l'esposizione allestita presso il Museo Nazionale Preistorico Etnografico "L. Pigorini": *Civiltà dell'argilla. Le prime comunità del Neolitico* (Roma, dicembre 2002 - marzo 2003). Risultato di un lavoro collettivo e di una sinergia istituzionale tra il Ministero per i Beni e le Attività Culturali, la Soprintendenza Speciale al Museo Nazionale Preistorico Etnografico "L. Pigorini", le Università italiane e non, le Soprintendenze Regionali per i Beni Archeologici e l'Istituto Italiano di Preistoria e Protostoria di Firenze è il volume *Le ceramiche impresse nel Neolitico antico. Italia e Mediterraneo* pubblicato a cura di M.A. Fugazzola Delpino, A. Pessina, V. Tiné (2002), in cui una vasta sezione è dedicata all'Italia sud-orientale. Contributi tematici e schede aggiornate dei principali siti neolitici dell'Italia sud-orientale sono stati affidati a coloro che hanno diretto gli scavi e ai responsabili delle ricerche.

[33] Le prime notizie e i primi studi risalgono all'attività di Quinto Quagliati (1900, 1906, 1936), ispettore del Museo e degli Scavi di Taranto, cui si deve la scoperta nel 1899 dell'insediamento di Scoglio del Tonno. Negli stessi anni C. Drago (1932, 1956) si occupa dello studio del territorio, dell'individuazione delle presenze archeologiche e dell'allestimento della Sezione Preistorica e Protostorica del Museo Nazionale di Taranto, mentre il contributo di U.A. Rellini (1934), di formazione naturalistica, propone una prima classificazione della produzione ceramica. Tra i primi contributi figurano le interessanti indagini di G. Ricchetti (1970) e di B. Martinis (1970), di cui si ricordano anche le *Note illustrative della Carta Geologica d'Italia, Foglio 202, Taranto*, in collaborazione con E. Robba (1971).

[34] La diffusione degli insediamenti neolitici si verifica nelle regioni dell'Italia sud-orientale verso la fine del Boreale; la grande affermazione, invece, durante la fase climatica Atlantica che, con la fine del periodo caldo e

---

[32] Per una organica ricostruzione del quadro storico-documentativo, occorre tenere presente una serie di convegni, promossi negli ultimi decenni, che restano momenti fondamentali di incontro e di verifica: il Congresso tenutosi a Montpellier nel 1983, a cura di J. Guilaine, J. Courtin, J.L. Roudil, J.L. Vernet (1987), con un'ampia sezione riservata agli studi naturalistici; l'Incontro di Firenze del 1985, con contributi - relativi a tutta la documentazione neolitica regione per regione fino a quel momento disponibile - pubblicati negli *Atti della XXVI Riunione Scientifica dell'Istituto Italiano di*

Appare dunque maggiormente motivato, se non decisivo, il potenziamento delle indagini che si sta traducendo in un momento cruciale di verifica anche nella teorica diatriba tra modello diffusionista ed evoluzionista. Certamente l'ipotesi di una totale derivazione del Neolitico delle regioni mediterranee dai gruppi culturali di provenienza transadriatica e vicino orientale va ridimensionata, anche alla luce della crescente importanza del ruolo assunto dalle tradizioni mesolitiche locali[35]. Gli approcci diffusionisti, spesso confutati dalla cronologia assoluta e utilizzati per spiegare i più importanti cambiamenti in termini di spostamenti di gruppi antropici, implicavano modelli di dominanza tra regione progredita e regione meno progredita, non considerando però i processi dei locali substrati sociali ed economici. Appare ora evidente la necessità di orientarsi verso un livello di analisi intermedio, nel tentativo di evitare formulazioni in termini di dominanza, dipendenza, autonomia e di richiamare il concetto di interazione fra comunità paritarie, in grado di riassumere l'intero spettro degli interscambi su scala geografica intermedia tra interazioni interregionali e interazioni localizzate in un'area specifica[36]. Il passaggio ad una graduale ma radicale trasformazione dell'assetto socio-economico dei gruppi mesolitici implica modalità di certo non del tutto riconducibili ad elementi neolitici di importazione e alla predominanza di aree di diffusione; è stato invece posto l'accento sull'acculturazione dei substrati,

sull'evoluzione dei locali gruppi del Mesolitico recente.

Certamente, la lacuna relativa all'arco cronologico compreso tra il IX e il VI millennio a.C., dovuta ad una oggettiva mancanza di dati e in parte ad una effettiva difficoltà di recupero degli stessi, rappresenta tuttora un limite ai fini di uno studio sistematico riguardo alle possibili dinamiche evolutive soprattutto in zone di fondamentale importanza quali non solo il Tavoliere foggiano, la Valle dell'Ofanto, il Materano, ma anche il comprensorio territoriale ionico-tarantino. La scarsità di riferimenti al precedente substrato mesolitico non consente infatti di definire il contesto di base in cui si sono inseriti gli aspetti innovativi dell'economia produttiva, nonostante il quadro del più antico Neolitico, soprattutto per le regioni peninsulari meridionali, si sia indubbiamente arricchito in questi anni con la scoperta e lo scavo sistematico di complessi che offrono una serie molto significativa di nuovi dati[37].

La configurazione geo-topografica del territorio ha esercitato una forte incidenza sull'antropizzazione sin dalle prime forme insediative, che sulla costa risalgono allo sviluppo dei villaggi neolitici nella fase della climatizzazione ottimale olocenica[38]. Dopo le oscillazioni climatiche, rese evidenti dalle antiche linee di costa sul Mar Piccolo di Taranto, con la stabilizzazione del clima temperato, si avvia un graduale processo di organizzazione territoriale favorito da condizioni idonee sia allo sfruttamento delle risorse marine che agli investimenti agricoli nelle ampie vallate che incidono l'anfiteatro tarantino. La formazione di suoli con fertile humus sulle argille plio-pleistoceniche rappresenta un'oasi produttiva a favore dell'ampio sviluppo dei villaggi[39]. È stato

---

secco Boreale, favorisce l'agricoltura cerealicola non irrigata, cfr. COSTANTINI, STANCANELLI 1994.

[35] La mancanza di resti paleofaunistici locali (di pecore o capre selvatiche) permette di ipotizzare un'introduzione di queste specie da altri contesti territoriali, probabilmente dalla Penisola Balcanica come attesta il popolamento di molte isole, quali le Tremiti. Il modello evoluzionista è invece confermato da datazioni assai alte di alcuni siti (Coppa Nevigata: 6200 a.C.; Grotta della Madonna: 5605 a.C.), che trovano corrispondenza in datazioni del primo Neolitico francese (Cap Ragnon: 6020 e 5700 a.C.; Châteauneuf C5: 5570 a.C.) e della Corsica (Basi: 5750 a.C.; Curacchiaghiu: 5650, 5360 e 5350 a.C.), cfr. ANDERSON 2000; BIANCO 1992; CASSANO *et al.* (a cura di) 1987; CAZZELLA 2000; CHERRY 1990; FORNI 1997; GRIFONI CREMONESI 1987; 1996a; GUILAINE 1998; MILLS 1987.

[36] RENFREW 1986, p. 29; COLLEDGE *et al.* 2005.

---

[37] Nel VI millennio a.C., l'agricoltura documentata in Puglia centro-meridionale risulta caratterizzata da *Hordeum vulgare* e *Triticum monococcum* e *dicoccum* a Scamuso (Torre a Mare, Bari) e a Le Macchie (Polignano a Mare, Bari); solo *Triticum (monococcum, dicoccum ed aestivum)* a Fontanelle (Brindisi); mentre a Torre Canne (Brindisi) oltre ai cereali è presente una leguminosa (*Lens culinaris*), cfr. COPPOLA 1981a; 1984; 1987b; COPPOLA, COSTANTINI 1987.

[38] DINI *et al.* 1996.

[39] GORGOGLIONE 1999.

osservato che, nel complesso, la topografia dei villaggi costieri dell'arco dunare del Golfo di Taranto costituisce un momento ottimale del processo insediativo, soprattutto in base alla recente formazione geologica[40]. Il comprensorio territoriale ionico-tarantino è caratterizzato da una situazione geomorfologica e oro-idrografica che ha esercitato un evidente condizionamento sull'evoluzione antropica e sulla realtà topografica (distribuzione insediativa, vie di comunicazione, controllo degli itinerari, attività economico-produttive)[41]. L'analisi topografica ha rilevato una distribuzione insediativa sui pendii e sui terrazzi al limite delle formazioni alluvionali oloceniche. La costa ionica presenta una fascia pianeggiante litorale formata da depositi marini recenti che continua in una seconda fascia costituita da depositi alluvionali olocenici di origine fluviomarina, di tipo argilloso-sabbioso-ghiaioso.
Nell'area subcostiera, il modello insediativo interessa terrazzi in posizione elevata, che tuttavia presentano vasti spazi per lo sfruttamento agricolo. È stato anche osservato che, a differenza dei siti interni caratterizzati da uno sviluppo economico più contenuto, i siti costieri e subcostieri usufruiscono di maggiori potenzialità economiche e di più intensi contatti culturali. Si deduce pertanto che la realtà paleoculturale probabilmente coniuga entrambe le teorie, spesso esasperate e ridotte a sterili schematismi, a tentativi di semplificazione e di generalizzazione, in un processo dialettico che le vede opposte e complementari, ugualmente attive nelle dinamiche storico-culturali. Si tratta di un processo culturale che deriva da un insieme di rapporti dinamici che operano all'interno dei sistemi socio-culturali: sono «i meccanismi responsabili dei cambiamenti nell'organizzazione dei sistemi o dell'integrazione di nuove componenti del sistema»[42]. In definitiva, alla riconosciuta provenienza allogena di piante coltivate, in particolare cereali, e di caprovini, che dominano nettamente tra le specie animali domestiche del più antico Neolitico secondo un modello ancora oggi valido, che riconduce a presupposti di tipo diffusionista[43], andrebbe aggiunto anche il forte rilievo della componente indigena mesolitica. Si intravede una complicata dinamica culturale, non certamente riconducibile allo schema semplicistico e riduttivo di progressione lineare da forme iniziali di incipiente acculturazione verso un sempre più marcato affermarsi dell'economia agricola; le ricerche hanno contribuito a mettere in luce un contesto molto vario in cui si ritrovano comunità pienamente neolitiche, comunità che mantengono una struttura ancora prettamente mesolitica, sostanzialmente non mutata dall'acquisizione di alcuni elementi nuovi, e comunità che presentano diversi gradi di compenetrazione con l'economia di produzione. In tale prospettiva acquistano di certo un ruolo decisivo altre componenti della cultura materiale più direttamente legate ai mezzi di sussistenza, quali ad esempio l'industria litica e soprattutto l'analisi delle faune e della vegetazione.

---

[40] Osserva a tal proposito M. Cipolloni Sampò (2002a, p. 176) che: «Sui meccanismi di trasmissione del fenomeno si è a lungo discusso ed il problema è ancora largamente aperto, anche se nuovi percorsi di ricerca potrebbero oggi contribuire a risolverlo, ma è un dato di fatto che, mentre le basi economiche appaiono un denominatore comune, gli aspetti culturali che contraddistinguono le prime comunità agricole europee sono tra loro fortemente distinti. Nella penisola italiana la tappa più antica del processo di neolitizzazione si svolge nel sud, e soprattutto nel sud-est. Tra i vari ambienti e i paesaggi diversi che contraddistinguono questa regione, le prime comunità agricole privilegiarono le pianure costiere e le vallate fluviali, in un momento di poco successivo vengono colonizzati nuovi territori come l'altipiano calcareo della Murgia centrale e più a sud il ricco e complesso paesaggio carsico della penisola salentina». Per ulteriori approfondimenti v. anche GORGOGLIONE 1998a; 1998b.
[41] Tutte le forme del paesaggio appaiono attualmente prive del reticolo idrografico che assume un carattere singolare, corrispondente all'aspetto di *canyon* in miniatura noti con i termini locali *gravine* o *lame*. Il modellamento della maggior parte delle forme del paesaggio, che caratterizzano la fascia costiera e l'ampia conca del Mar Piccolo di Taranto, è da attribuire all'azione marina, non tralasciando il ruolo che ha avuto l'erosione in ambiente subaereo. L'azione del mare è responsabile del modellamento dell'esteso terrazzo marino tarantino, variamente articolato tra i 20 e i 15 m sopra il livello del mare (MASTRONUZZI, SANSÒ 1999, p. 57, fig. 6).
[42] BEZERRA DE MENESES 1983, p. 13.
[43] Va tenuto presente il primo popolamento di alcune isole del Basso Adriatico, quali le Tremiti, dovuto sicuramente al concreto sopraggiungere di gruppi umani, cfr. FORNI, MARCONE 2002.

Il contesto ambientale attuale rappresenta il risultato di numerosi cambiamenti intervenuti nel corso del tempo, sia in seguito a notevoli interventi antropici che a variazioni di tipo climatico e microclimatico[44]. A partire dall'Olocene antico, con il miglioramento delle condizioni climatiche, si assiste al passaggio da un'economia di caccia e raccolta ad un nuovo modello produttivo basato sull'associazione dell'agricoltura all'allevamento stanziale. In questa direzione, le ricerche archeobotaniche eseguite negli ultimi anni nell'area ionico-tarantina, e più in generale in Italia sud-orientale, hanno portato ad un considerevole arricchimento ed aggiornamento della banca dati disponibile sulle pratiche agricole[45]. Le principali evidenze sono senza dubbio i resti carbonizzati di cereali che attestano, fin dalle prime fasi del Neolitico Antico a ceramica impressa, la presenza di monococco, dicocco e orzo[46] riscontrata nei siti di Terragne[47], Torre Sabea[48], Fontanelle, Le Macchie[49], Torre Canne[50], Monte Aquilone, Ripa Tetta[51],

Rendina[52].
Si va delineando pertanto una visione della diffusione neolitica talmente complessa nella sua insita poliedricità da richiederne uno studio da più angolazioni, che comprendono sia l'aspetto della sussistenza che quello della ergologia, ma anche quello delle interrelazioni e interazioni tra gruppi di produttori e gruppi di cacciatori-raccoglitori[53].

1.3. Aspetti storico-culturali e organizzazione sociale: insediamenti, economia, civiltà

Il problema della fase di transizione da un'economia acquisitiva ad un'economia di produzione è stato, come già sottolineato a più riprese, discusso e analizzato sotto varie angolazioni, al fine di spiegarne modalità e cause del cambiamento dal punto di vista sia delle variabili ambientali che delle dinamiche demografiche e socio-culturali. Una condizione indispensabile per lo sviluppo dell'economia produttiva è risultata la sedentarietà in aree di variata disponibilità alimentare supportata dalla potenzialità di zone di approvvigionamento idrico. Nel corso delle ricerche, quindi, non sono state considerate soltanto la produttività potenziale e la diversificazione dei contesti ecologici quali indicatori della diffusione neolitica.

---

[44] L'evoluzione climatica risulta oggi uno dei principali indicatori dell'origine del processo di neolitizzazione: l'area ecologica primaria di distribuzione dei cereali è stata occupata solo a partire dalla fine del Pleistocene, quando il livello dei mari era circa 100 metri inferiore all'attuale, cfr. DAI PRA, HEARTY 1988.

[45] La presenza diffusa e la prevalenza quantitativa di frumenti vestiti nelle varie fasi del Neolitico indica che le difficoltà legate alla lavorazione delle spighette per liberare le cariossidi dalla paglia non comportano un abbandono immediato di detti frumenti a favore di quelli nudi. Le ragioni di questa preferenza sono da ricercare nelle caratteristiche peculiari di maggiore adattabilità all'ambiente e resistenza alle malattie dei frumenti vestiti rispetto a quelli nudi, nella necessaria esigenza di diversificare i raccolti in previsione d'insuccessi dovuti ad avverse condizioni ambientali e nella forza della tradizione culturale legata alla coltivazione e lavorazione dei cereali vestiti, cfr. CASTELLETTI, ROTTOLI 1998; PERRINO *et al.* 2000.

[46] «Anche l'orzo, pur se abbastanza frequente come presenza, non sembra rappresentare una coltura dominante. Questa specie...appare sempre in percentuali inferiori al grano, come del resto sembra avvenire in altre aree mediterranee e balcaniche come la Tessaglia, la Bulgaria e la Yugoslavia», cfr. CASSANO 1996, p. 533.

[47] FIORENTINO 1995; 1999; 2002a.

[48] CREMONESI, GUILAINE 1987.

[49] COPPOLA, COSTANTINI 1987.

[50] Dall'intonaco di Torre Canne sono stati isolati resti carbonizzati e impronte che confermano la presenza di monococco e dicocco e precisano che l'orzo coltivato apparteneva alle due specie vestite: *Hordeum distichum* e

Hordeum vulgare. L'associazione monococco, dicocco e orzo è documentata anche nei siti di Fontanelle, Torre Sabea, Ripa Tetta e Le Macchie, cfr. COPPOLA 1981a.

[51] COSTANTINI, TOZZI 1987.

[52] CIPOLLONI SAMPÒ 1977-1982.

[53] Nell'ambito dei processi di affermazione dell'economia produttiva nell'Italia sud-orientale, un modello applicabile sembrerebbe essere quello proposto da M. Zvelebil (1986). Tale modello si articola in tre fasi principali: *availability phase*, in cui la caccia e la raccolta sono i principali mezzi di sussistenza; *substitution phase*, in cui vengono sviluppate strategie di coltivazione e di addomesticamento, mentre permangono strategie di caccia e raccolta; *consolidation phase*, in cui la coltivazione e l'allevamento divengono le forme principali di sussistenza. In base a tale modello potrebbero essere inquadrati i siti del territorio in esame in una fase di probabile transizione mesolitico-neolitica. Del resto la stessa presenza nell'industria litica di elementi geometrici, in particolare trapezi, oltre a suggerire una tradizione castelnoviana, sembra indicare uno marcato *shift* economico verso lo sfruttamento di risorse vegetali, cfr. FIORENTINO 1995.

Va infatti osservato che se da un lato l'economia appare già prettamente neolitica con sviluppo dell'agricoltura e dell'allevamento (tra i cereali compaiono *Triticum dicoccum* e *monococcum*, mentre tra la fauna dominano le specie domestiche tra cui i caprovini), l'elemento più problematico rimane l'industria litica in cui ad una componente neolitica costituita da macine, macinelli, lisciatoi, elementi di falcetto e lame – evidente dalla documentazione di numerosi siti quali La Croce, Cimino, Il Fronte, Casino, Masseria S. Pietro, Pizzone, Masseria Era, Masseria Melia, Montedoro, Terragne – si associa una componente di tradizione mesolitica caratterizzata da numerosi trapezi accompagnati da lame e punte a dorso, troncature e grattatoi[54]. Andrebbe poi esaminata la stretta connessione tra raccolta di molluschi marini e industrie epiromanelliane, nonostante la mancanza di riferimenti cronologici in grado di far ipotizzare l'affermazione di un Mesolitico a trapezi.

Ancora, dall'esame dei resti paleobotanici e paleofaunistici, che documentano la varietà e la complessità dell'*habitat* e le forme di economia delle comunità locali, provengono alcuni dati interessanti: ne è un esempio la fauna dell'insediamento di Montedoro, costituita da resti osteologici relativi ad animali domestici e selvatici[55]. È stato posto in evidenza un incremento percentuale di fauna domestica rispetto a quella selvatica e di malacofauna marina, in particolare di *Patella*, *Spondylus*, *Cardium*. Sono presenti anche elementi di fauna domestica quali ovicaprini, bovini e suini, nonchè di fauna selvatica come *Lepus europoeus*, *Vulpes vulpes*, *Felis silvestris*. La malacofauna presenta tipi terrestri: *Helix sp.*, *Rumina decollata*, *Helicella* e tipi marini: *Patella caerulea*, *Monodonta turbinata*, *Cerastoderma edule*, *Spondylus gaederopus*, *Arca noae*, *Cardium*. Dal punto di vista economico, l'analisi dei resti faunistici sembrerebbe porre in evidenzia una strategia prevalentemente basata sull'allevamento del

bove e degli ovicaprini, mentre le attività produttive risulterebbero più marcatamente indirizzate verso lo sfruttamento di risorse vegetali, in particolare *Triticum*, *Hordeum* e *Vicia*.

Per l'allevamento, è noto, in tutti i siti meridionali i caprovini costituiscono la maggioranza seguiti da bovini e suini, mentre la caccia ha una scarsa incidenza[56]. Inoltre, l'assenza in Italia, nel tardo Pleistocene, di pecore e capre selvatiche indurrebbe ad ipotizzare una chiara introduzione dall'esterno di queste specie; una probabile area di provenienza potrebbe essere localizzata nelle regioni balcaniche, dove pecore e capre sono presenti nel Neolitico Antico con caratteristiche simili a quelle della Puglia[57]. Per altre specie quali il bue e il cinghiale, dal momento che facevano parte della fauna selvatica autoctona, si ritiene più ovvio pensare a un loro coinvolgimento *in loco* nel processo di domesticazione. Poi nel caso dei bovini domestici, la presenza dei loro antenati selvatici nell'Olocene antico è un dato di fatto. Anche l'allevamento delle principali specie domestiche è documentato fin dal VI millennio a.C. Nella maggior parte dei giacimenti a ceramica impressa di *facies* arcaica dell'Italia sud-orientale, i caprovini costituiscono la stragrande maggioranza, seguiti in genere da bovini e suini. Le specie selvatiche invece non sembrano aver avuto un ruolo determinante nel sistema di sussistenza; rappresentano, comunque, data la notevole varietà, un indizio importante delle possibilità offerte dall'ambiente. Alle risorse di base si aggiungono in alcuni siti la caccia ai piccoli animali, la pesca e nella maggior parte degli insediamenti costieri la raccolta dei molluschi[58]. Anche l'allevamento dei capri-ovini, nelle sue implicazioni d'ordine economico, è ormai espressione del completo rinnovamento produttivo, nel momento in cui

---

[54] GORGOGLIONE 2002.

[55] Tali evidenze permettono di ipotizzare che, nelle zone di pianura e di collina, l'incremento di una specie rispetto ad un'altra possa dipendere da fattori culturali, sociali ed economici, dall'evoluzione tecnologica e da esigenze non necessariamente legate al quadro ambientale.

[56] È stato osservato che in Puglia il Neolitico appare fin dall'inizio caratterizzato da un forte predominio dell'allevamento, cfr. GRIFONI CREMONESI 1996a; TAGLIACOZZO 2002.

[57] Per quanto riguarda il problema dell'arrivo in Europa di specie vegetali ed animali nel corso della neolitizzazione, si ritiene comunemente che farro, grano ed orzo, così come capra e pecora, siano stati introdotti all'inizio dell'Olocene; cfr. MAKKAY 1998.

[58] CIPOLLONI SAMPÒ 1992.

tale processo è già insediato ed è strutturato il contesto abitativo[59].

Un limite nella ricerca è costituito dai dati archeobotanici riferibili a pochi insediamenti, variamente distribuiti nell'areale apulo-lucano: Terragne, Miniera della Defensola, Villa Comunale di Foggia, Passo di Corvo, Latronico 3[60]. In particolare, la mancanza di analisi palinologiche su carotaggi continentali continui rende problematico ogni tentativo di ricostruzione del contesto ambientale. I dati utilizzabili per una prima ricostruzione del paleoambiente si riferiscono alle analisi antracologiche effettuate presso il sito di Terragne, alle analisi palinologiche e zoologiche relative ai siti di Scamuso (Torre a Mare, Bari), Terragne e Torre Sabea[61]. A questi dati, più strettamente connessi ai singoli insediamenti, possono essere aggiunte allo stato attuale soltanto alcune indicazioni generali ricavabili da carotaggi marini effettuati nel Golfo di Taranto[62].

I dati antracologici disponibili provengono da diversi insediamenti dell'area ionica compresa tra la piana di Metaponto e Manduria. Sulla base di tali dati, alla fine del Tardoglaciale, il territorio sembra caratterizzato da una copertura arborea che da una presenza di *Pinus* sp. vede una sostituzione con le *Compositae*, con un clima di tipo più secco rispetto all'attuale[63]. Certamente l'ampia distribuzione di sedimenti limosi di origine palustre e lacustre offre un potenziale di ricerca per lo studio del territorio nel corso del Quaternario.

È emerso che l'area del Golfo di Taranto attesta una tra le più antiche testimonianze di pratiche cerealicole dell'Italia sud-orientale. Le indagini hanno consentito il recupero di numerose testimonianze, sia archeobotaniche che archeozoologiche, sulle prime fasi dell'economia di produzione neolitica. A Terragne sono state determinate le cariossidi e i resti della paglia di *Triticum monococcum* L., *Triticum dicoccum*, *Triticum aestivum/compactum*, *Hordeum* sp., oltre che le cotiledoni di *Leguminosae*, in particolare di *Vicia* sp. Le stesse informazioni sembrano provenire anche dal vicino sito di Torre Sabea, anche se mancano allo stato attuale indicazioni quantitative dei rapporti tra le specie[64].

Nel complesso, i primi dati che consentono di conoscere la qualità e la tipologia dei raccolti alla base dell'economia agricola provengono da una serie di siti distribuiti prevalentemente lungo le coste apule adriatiche e nell'entroterra apulo-lucano, per i quali sono disponibili datazioni al radiocarbonio che collocano i reperti vegetali recuperati tra i 7300 e i 6500 anni BP (VI-V millennio a.C.). Si tratta dei siti di Coppa Nevigata, Masseria Valente, Monte Aquilone, Lagnano da Piede e Ripa Tetta nel Foggiano; Scamuso, Palese e Le Macchie nel territorio di Bari; Fontanelle, Grotta

---

[59] La realtà insediativa è probabilmente molto più complessa di quanto finora supposto, poiché anche il caso di un'occupazione non continuativa di un sito va inquadrato nel complesso del sistema insediativo, in relazione alle possibili variazioni nei ruoli e nelle attività sia all'interno di un sito che tra siti diversi. Va considerato inoltre che «Lo stato di conservazione dei villaggi neolitici è in genere in tutta Europa abbastanza problematico, legato com'è alla deperibilità dei materiali, alle distruzioni e rioccupazioni operate dagli stessi neolitici, alle strutturazioni successive e a molti altri fattori quali erosione, pratiche agricole, ecc.», cfr. CIPOLLONI SAMPÒ 1991, pp. 51-52.

[60] FIORENTINO 2002a.

[61] ACCORSI *et al.* 1995; BIANCOFIORE, COPPOLA 1997; CREMONESI, GUILAINE 1987; FIORENTINO 1995; RENAULT-MISKOVSKY, BUI THI MAI 1997.

[62] Alla luce delle dinamiche vegetazionali dell'Olocene iniziale, la riscontrata estensione del querceto misto caducifoglio, con *Quercus* tipo caducifoglie ed *Ostrya* associati ad un'affermazione sempre più evidente di *taxa* termofili mediterranei, permette di ipotizzare un aumento della piovosità invernale ed in generale dell'umidità, anche se con una stagione estiva caratterizzata da periodi di aridità prolungata. La piovosità, compresa tra 300-500 mm di media annuale, era sufficiente a favorire la crescita delle graminacee e la coltivazione dei cereali, mentre per quanto riguarda i *taxa* arborei si tratta di boschi radi, sparsi, che non dovevano influire più del 10-15% sulla vegetazione in generale caratterizzata piuttosto da un paesaggio aperto, dove trovavano posto i cervidi e probabilmente i bovini selvatici, cfr. ALLOCCA *et al.* 2000; FIORENTINO *et al.* 2000; WILKENS 2002.

[63] Nel corso dell'Olocene, ma già nelle fasi più antiche, la vegetazione boschiva è sempre poco rappresentata, limitata da condizioni ecologiche generali di aridità. In alcuni casi, sembra piuttosto diversificata: presenta elementi della foresta/macchia mediterranea (leccio, oleastro/olivo, cisto, lentisco) e caducifoglie mesofile (querce di vario tipo, frassini), cfr. FIORENTINO 1999. Presso il sito di Terragne sono state individuate caratteristiche faunistiche ed economiche epipaleolitiche, confermate dalla presenza di *Equus caballus* (strato differenziato US5-6), cfr. GORGOGLIONE 1991a.

[64] CREMONESI, GUILAINE 1987.

Sant'Angelo e Torre Canne nella provincia di Brindisi; Torre Sabea in quella di Lecce; Terragne in quella di Taranto; Rendina e il Sito 3 del Lago di Rendina (Potenza), dove sono stati ritrovati resti di paglia e semi carbonizzati di monococco (*Triticum monococcum*), dicocco o farro (*Triticum dicoccum*) e orzo (*Hordeum vulgare*) con le caratteristiche dei cereali già pienamente coltivati[65].

Riguardo ai dati relativi all'economia del più antico Neolitico dell'Italia sud-orientale, si può osservare che l'agricoltura appare ben sviluppata fin dalle fasi più antiche, con la presenza in vari siti di *Triticum aestivum/durum*, *Triticum monococcum* e *dicoccum*, *Hordeum vulgare* e *Hordeum sp.*, *Lens culinaris* cui si aggiungerà anche *Vicia faba*. Si attiva un processo di selezione di specie vegetali strettamente legate a forme stabili di utilizzazione dei suoli, come dimostra la stratificazione inferiore del sito di Terragne, posto su un pianoro della calcarenite sabbioso-argillosa, a circa m 98 slm[66]. La presenza delle graminacee attestata dall'esame dei pollini e dai macroresti dimostra che i primi processi adattivi dell'economia agricola hanno sviluppo sul finire del VII millennio a.C. Nel VI millennio, nell'areale apulo-lucano, l'agricoltura è già ampiamente documentata; sono testimoniati *Hordeum vulgare* e *Triticum aestivum/durum* a Rendina (Melfi, Potenza), *Triticum monococcum* e *dicoccum* e *Hordeum* sp. a Scamuso (Torre a Mare, Bari) e un'associazione simile a Le Macchie (Polignano a Mare, Bari), solo *Triticum* (*monococcum*, *dicoccum* ed *aestivum*) a Fontanelle (Brindisi), mentre a Torre Canne (Fasano, Brindisi) oltre ai cereali è presente una leguminosa (*Lens culinaris*)[67]. Verso la metà del V millennio a.C., a Rendina sono attestati vari tipi di *Triticum* (*monococcum*, *dicoccum*, *aestivum/durum*), di

Hordeum (*vulgare*, *nudum*) e due leguminose, *Vicia faba* e *Lens culinaris*[68]. A Madonna delle Grazie (Rutigliano, Bari), il 95% di un campione è formato da *Triticum* (soprattutto dei tipi *aestivum* e *compactum* con incidenza molto minore del *dicoccum*) ed il 5% da *Hordeum vulgare nudum*[69]. Tali evidenze testimoniano, in una fase avanzata del V millennio a.C., l'incremento della gamma delle leguminose utilizzate e l'orientamento verso specie maggiormente produttive di cereali, quelle a grano nudo[70].

Vale la pena di ricordare come anche nel territorio ionico-tarantino dai siti indagati risulti presente, nell'ambito della sperimentazione agricola, la triade farro-orzo-monococco. Di particolare interesse sono i dati derivati dall'esame dei resti paleobotanici e paleofaunistici del sito di Montedoro, che ne documentano varietà dell'habitat e forme di economia. L'associazione faunistica caratterizzata da specie selvatiche e domestiche e la presenza di molluschi marini e terrestri testimoniano che si tratta di una comunità antropica basata su un tipo di economia mista, che ancora risente della tradizione paleo-mesolitica. Una tale realtà economica starebbe ad indicare la presenza nella zona di due ecosistemi differenziati: uno caratterizzato da elementi forestali e l'altro comprendente aree aperte con boscaglia e roccia affiorante. Le specie di molluschi marini invece confermerebbero una frequentazione del vicino ambiente costiero del Mar Piccolo di Taranto, dove vaste aree impaludate ne consentivano il facile reperimento. Dai dati raccolti si evince che le principali carenze interessano le sequenze stratigrafiche relative alla transizione mesolitico-neolitica, di fondamentale

---

[65] La prova di contatti culturali sembra essere confermata anche dalle evidenze paleobotaniche. Sono attestati, fin dalle prime fasi del Neolitico Antico a ceramica impressa, resti carbonizzati di cereali del genere *Triticum* (*monococcum* e *dicoccum*), ma soprattutto di quelli appartenenti alla specie *T. aestivum-durum* considerato dai paleobotanici un ibrido esaploide coltivato proveniente dal Vicino Oriente, cfr. COSTANTINI 2002; MALLEGNI, USAI 1996.

[66] GORGOGLIONE 1995b; 1996, tav. 10.c.

[67] FIORENTINO 2002a.

[68] FIORENTINO 2002b.

[69] FIORENTINO *et al.* 2000.

[70] Dal riesame dei casi di studio più noti, relativi a contesti insediativi diversi, riemergono sia i problemi di rilevamento e classificazione dei dati di scavo, sia quelli di una successiva lettura che consideri lo stretto rapporto tra l'insieme delle attività spaziali di una comunità e le altre attività socio-economiche. In tal senso deporrebbe l'osservazione di L. Costantini e M. Stancanelli (1994) che, in base ai dati archeobotanici raccolti in Italia centro-meridionale, hanno rilevato un livello delle conoscenze alquanto insufficiente per ricostruire un quadro organico della cronologia e delle modalità di diffusione dell'economia agricola.

importanza per comprendere i rapporti fra substrato e gruppi agricoli. Si sta tentando inoltre di acquisire maggiori dati riguardo alle modalità di sfruttamento delle risorse in epoca preneolitica, ai fini di un inquadramento complessivo della molteplicità delle problematiche antropico-ambientali alla base della diffusione neolitica nel territorio ionico-tarantino.

È probabile che sia sopravvenuta, come risposta e adattamento delle comunità locali alle variazioni ambientali, una serie di riassetti territoriali supportata anche dagli adeguamenti tecnologici. La maggior attenzione verso tutte le fonti di sostentamento e le aree di approvvigionamento idrico può aver determinato una marcata territorialità già nei gruppi del più recente Mesolitico, incentivando in tal modo una ricettività verso le innovazioni economiche e tecnologiche alla base dei processi della diffusione neolitica.

Capitolo II

Le testimonianze archeologiche

2.1. Tipologie insediative e strutture di abitato

Una corretta lettura e valutazione delle tipologie e strutture insediative ha contribuito a mettere in luce alcuni aspetti significativi delle dinamiche socio-economiche e dei processi storico-culturali. Naturalmente, e con le dovute cautele metodologiche, ciò è possibile nelle forme e nei modi in cui tali processi possono aver lasciato traccia in depositi archeologici e, più precisamente, nelle evidenze archeologiche attraverso rinvenimenti occasionali o scavi sistematici.

Considerazione di partenza per lo studio della distribuzione insediativa è che l'ubicazione dei siti non sia mai casuale o genericamente attribuibile a qualche motivazione, ma piuttosto il prodotto di una precisa logica d'occupazione del territorio determinata da circostanze specifiche.

Va osservato che lo stato di conservazione dei villaggi neolitici, con i limiti intrinseci ad esso sotteso, lacunoso per qualità e per quantità di dati, è in genere abbastanza problematico in primo luogo a causa della deperibilità dei materiali, dei fattori ambientali e degli interventi antropici. A conferma di ciò, è ovvio che anche la preliminare presentazione critica delle ricerche qui presentate risulti influenzata dalla scarsità e frammentarietà della documentazione costituita in prevalenza da raccolte di superficie; è infatti noto che tranne alcuni siti quali La Croce, Cimino, Masseria Era, Masseria Melia, Montedoro, Terragne, la restante realtà insediativa è stata indagata soltanto da ricognizioni di superficie, con i relativi caratteri e limiti di informazione e attendibilità[1]. È certo quindi che l'analisi dei

vari assetti territoriali deve essere condotta sulla base di limitate evidenze che di per sé ben poco varrebbero se non fossero integrate da quelle di altre realtà più conservate, leggibili, significative. È stato inoltre rilevato come la distribuzione insediativa nelle fasi iniziali dell'Olocene abbia inciso su suoli ad alto potenziale agricolo, nelle aree più elevate e retrostanti al paleoambiente lagunare del Bacino del Mar Piccolo di Taranto – siti di La Croce, Cimino, Masseria Le Lamie, Casino d'Aiala, Masseria Era, Masseria Melia, Masseria Sant'Andrea, Montedoro – di cui si va meglio definendo la configurazione geologica anche in rapporto alle variazioni della linea di costa. Ancora, l'interpretazione dei dati topografici indica criteri di selezione insediativa orientati verso le alture isolate o le aree più o meno terrazzate lungo i pendii delle incisioni paleotorrentizie[2]. Tale assetto distributivo evidenzia una chiara relazione con l'idrografia di superficie che condiziona fortemente la logica insediativa ponendo severi limiti nella selezione di quelle aree non idonee all'approvvigionamento idrico[3].

---

[1] La mancanza di un adeguato livello di lettura dei dati archeologici e l'obiettiva difficoltà interpretativa di alcuni contesti dipendono in parte dalla lacunosità delle conoscenze attuali sulle tipologie insediative e sulle strutture di abitato. Numerosi problemi metodologici sottesi a questo tipo di ricerca sono ancora in attesa di una definizione; gli studi sugli insediamenti neolitici, in

generale, sono stati influenzati da modelli estremizzanti, sia di insediamenti *shifting* che, al contrario, permanenti.

[2] Si tratta di scelte insediative che sembrano trovare riscontri nelle culture coeve dell'Europa orientale: in Bulgaria nell'ambito dei gruppi culturali di Karanovo I-Kremikovci; in Romania nella cerchia culturale del gruppo di Criş; nelle regioni balcaniche centrali e nell'area sud-orientale della pianura pannonica nel gruppo di Starčevo; in Macedonia nei gruppi culturali di Anzabegovo-Vršnik e di Porodin, cfr. LAZAROVICI 1996.

[3] Il territorio del Bacino del Mar Piccolo di Taranto presenta un'idrografia superficiale estremamente povera sia per la natura calcareo-carsica dell'entroterra sia per le condizioni di clima temperato caldo. Va precisato che la successione stratigrafica prevalentemente carbonatica dell'entroterra giustifica la scarsità degli apporti idrici superficiali. Un ulteriore elemento morfologico che connota il paesaggio fisico del territorio tarantino è il reticolo idrografico che localmente assume caratteri singolari. L'andamento del reticolo è dovuto all'adattamento dei solchi torrentizi alle condizioni lito-strutturali, mentre il modellamento della maggior parte delle forme del paesaggio, che caratterizzano la fascia costiera e le ampie conche del Mar Grande e del Mar Piccolo, è da attribuire all'azione marina. L'azione del mare è inoltre responsabile del modellamento dell'esteso terrazzo marino, variamente articolato tra i 20 e i 15 m slm, cfr. MASTRANGELO, PASSERI 1975; MASTRONUZZI, SANSÒ 1999.

Esemplare in tal senso risulta l'area che comprende il sito di Montedoro (Grottaglie), in cui sono state condotte sistematiche indagini stratigrafiche (Figg. 7-8).

L'estensione del sito, che copre circa tre ettari di terreno di varia morfologia e consistenza, conferma la reale importanza storico-culturale e socio-economica dell'insediamento del Neolitico Antico. In tutti i settori dello scavo è stato possibile accertare che l'orizzonte culturale del Neolitico Antico è ben rappresentato dai materiali provenienti dal livello di base comprendente i piani pavimentali delle unità abitative; al di sopra si evidenzia il livello intermedio a cui segue il livello pertinente alla fase finale dell'abitato antico, sconvolto in parte dai recenti lavori agricoli e dalle acque meteoriche.

Sono emerse tre unità abitative, per un totale di cinque ambienti d'abitato, e due grosse strutture di combustione esterne agli ambienti (Figg. 9-10). L'abitato risulta dotato inoltre di un sistema di canalizzazione esterno allo zoccolo perimetrale delle unità abitative e finalizzato al deflusso e alla raccolta delle acque meteoriche in pozzetti ricavati nella roccia e intonacati con argilla o in ampi bacini. L'insediamento presenta nel versante meridionale un enorme fossato naturale, con andamento sud-est. Le unità abitative, a parte la terza costituita allo stato attuale da un solo ambiente, sono capanne bicellulari delimitate da uno zoccolo calcareo su cui sono evidenti grandi buche per i pali di sostegno dell'elevato stramineo. Ogni unità abitativa comprende due ambienti circolari o ellissoidali situati su livelli diversi rispetto al piano di campagna, comunicanti dall'interno mediante un'apertura nel punto di tangenza degli ambienti stessi, con uno spazio interno di 10/12 metri di lunghezza e 4/5 di larghezza, con piano di calpestio incassato nella roccia di base e livellato con pietrisco e terriccio battuto[4]. I

due ambienti che costituiscono la capanna 1 hanno l'apertura d'ingresso a sud-ovest delimitata da due residui di speroni calcarei con superficie piana, su cui si osservano i fori della palificazione che evidentemente reggeva l'architrave della porta di accesso. L'ambiente nord, perfettamente circolare, è circondato da uno zoccolo calcareo ricavato sulla roccia di base, mentre l'ambiente sud, ovalare, risulta sottoposto rispetto al piano dell'ambiente nord di circa 15 cm (Figg. 11-13).

La capanna 2 è bicellulare, adiacente e simmetrica ma non complanare alla precedente; presenta una planimetria d'insieme dall'aspetto ellissoidale, i piani interni sono anch'essi posti a diversi livelli e intercomunicanti. L'ambiente nord ha il piano interno, in terriccio argilloso-sabbioso battuto, sottoposto rispetto a quello dell'ambiente sud di circa cm 20 e come quest'ultimo è caratterizzato da un andamento subcircolare. La comunicazione tra i due ambienti è indicata da un'apertura interna di circa m 1,20 nel punto di tangenza (Fig. 14).

La capanna 3 presenta allo stato attuale un solo ambiente anche se probabilmente in origine era anch'essa bicellulare, come sembrano suggerire i residui dello zoccolo perimetrale ancora in posto. È stato osservato poi che, in seguito a riadattamenti ed alterazioni naturali ed artificiali del piano roccioso, si è conservato soltanto l'ambiente nord, il quale ha forma subellittica con piano pavimentale costituito da un lastrone calcareo levigato, sottoposto rispetto al piano di superficie circa cm 40/45. Lo zoccolo perimetrale residuo, ricavato nella roccia di base, riporta tracce evidenti di fori per palificazione, fessurazioni naturali, tagli longitudinali e trasversali artificiali (Fig. 15).

Certamente, se rarissimi risultano i casi di tipologie certe per le singole abitazioni, ancora più rare le possibilità di ricostruzioni complessive. Anche per questo tipo di evidenza i dati sono difformi e direttamente condizionati dalle conoscenze della realtà topografica,

---

[4] Si consideri inoltre che nel Vicino Oriente, le prime costruzioni del periodo kebariano (Ein Gev I, in Palestina) presentano forma circolare, di probabile derivazione dalla capanna primitiva; nel Natufiano, la casa sempre circolare e parzialmente interrata, con un muricciolo addossato alla parete del fossato per trattenere la terra, era sormontata da una struttura sostenuta da alcuni pali conficcati nel suolo. Nel corso del cosiddetto "Protoneolitico levantino" (*Pre-Pottery Neolithic A*), i resti più straordinari di strutture abitative sono venuti alla

luce a Gerico, nella valle del Giordano. Gli abitati, risalenti al 9000 a.C. circa, sono costituiti da capanne monocellulari di pianta circolare. Anche in Siria, nella collinetta di Mureybet, sono stati ritrovati resti di capanne circolari costituite da un unico ambiente, risalenti al Protoneolitico, cfr. AURENCHE, KOZLOWSKI 1999, p. 238; 7-1; p. 247; 7-10, 1; MARGUERON 1993, p. 271.

spesso assai frammentaria. Dal punto di vista teorico l'interesse si è incentrato soprattutto sulle analogie formali, sul tentativo di interpretazione funzionale delle strutture, sulle tecniche costruttive e le loro connessioni con il clima, l'habitat, le risorse naturali, sull'utilizzazione dei dati insediativi e sulle abitazioni. Tuttavia né l'approccio tecnologico, né quello ecologico contribuiscono a definire la valenza dell'organizzazione spaziale in relazione ai rapporti sociali né il ruolo dell'architettura. L'organizzazione del territorio e degli abitati sembra rispecchiare specifiche esigenze socio-economiche, cosicché l'uso semplificato dell'analogia, l'accostamento di esempi derivati da contesti diversi, la generalizzazione di tipologie strutturali possono dimostrarsi fuorvianti rispetto alla funzione di una determinata architettura nell'ambito di uno specifico sistema sociale. L'insieme delle attività legate all'organizzazione del territorio e dello spazio di residenza e il ruolo dell'architettura come referente sociale rimandano ad un aspetto polivalente delle strutture all'interno degli abitati.

È chiaro che l'incremento delle ricerche ha comportato un indubbio potenziamento dei dati sulla forma degli abitati e sui caratteri che l'uso degli spazi determina. Tra i principali fattori emerge l'obiettiva difficoltà di interpretazione di alcuni contesti, intrinseca al tipo di rinvenimento e al loro stato di conservazione o alla storia stessa della formazione dei giacimenti.

Un'attenta lettura delle tipologie e strutture insediative ha permesso di impostare significativi confronti con le regioni transadriatiche, con il complesso macedone di Anzabegovo-Vrsnik, dove le abitazioni hanno pianta rettangolare e talvolta si compongono di due o tre ambienti (Nea Nikomedia); presentano invece pianta monocellulare gli abitati delle regioni balcaniche settentrionali e danubiane, dalla Macedonia settentrionale all'Ungheria orientale, dalla Bosnia alla Transilvania, alla Moldavia e, più a est, in Bulgaria e lungo le coste occidentali del Mar Nero[5]. Ad Azmak, in Bulgaria, sono state individuate alcune piccole case a focolare centrale, con fondo d'argilla. Si

tratta di alcuni esempi che ben documentano prime forme di organizzazione delle unità abitative neolitiche: una cellula sociale elementare associata ad un focolare, talvolta a un forno, e situata al centro di una superficie circolare. È un modello che si ripropone anche nel Mediterraneo occidentale, a Clairvaux IV, Giura francese, dove il ritrovamento di una piccola casa bruciata ha permesso di dimostrare che questa unità sociale elementare poteva coincidere con la più piccola unità di produzione[6].

Nel caso in esame, a Montedoro sono state messe in evidenza le strutture residuali dell'impianto abitativo ed è stata definita la sequenza degli strati archeologici, al fine di cogliere gli aspetti culturali dell'insediamento e le relative dinamiche di sviluppo[7]. Sono emersi residui di focolari domestici e altre strutture di ambienti abitativi. Le due strutture di combustione risultano esterne alle unità abitative e presentano il piano interno costituito da una lastra calcarea delimitata da uno zoccolo perimetrale; sono stati raccolti frammenti vascolari con tracce evidenti di prolungata esposizione al fuoco e abbondante materiale osteologico combusto, in prevalenza di ovicaprini[8].

---

[6] È opportuno però precisare che questa coincidenza tra unità sociale e unità di produzione non deve essere generalizzata. L'aspetto più problematico emerge dalla necessità di individuare nessi e relazioni tra le più piccole unità sociali e le diverse forme di architettura e di organizzazione dei villaggi del Neolitico Antico, cfr. PÉTREQUIN 1994.

[7] La grande mole di dati scientifici prodotta richiede un prolungamento ed un'intensificazione delle ricerche (analisi, classificazione e studio dei materiali) in relazione alla esigenza di individuare, attraverso i confronti con i materiali coevi di altre aree dell'Italia meridionale e del Bacino mediterraneo, nessi etno-culturali ed eventuali rapporti tra comunità di identico stadio culturale.

[8] L'analisi delle cosiddette "strutture minori" è in grado oggi di fornire i risultati più interessanti sulla articolazione in spazi interni dei villaggi neolitici attraverso l'accurata registrazione e rappresentazione dei dettagli e delle relazioni tra i singoli elementi e tra le varie unità strutturali nella loro distribuzione spaziale. G. Cremonesi (1991, p. 84) osserva che: «... le strutture di combustione sembrano aver attratto in modo particolare l'attenzione e presentano....una morfologia molto varia, connessa con una serie di funzioni fortemente diversificate che a loro volta richiederebbero denominazioni e tipologie specifiche».

Evidenti confronti si potrebbero instaurare con le strutture di combustione venute alla luce negl. insediamenti coevi di Torre Sabea (Gallipoli, Lecce) e di Trasano (Matera). Nel primo si tratta di forme relativamente semplici, qual. fosse grosso modo circolari, più o meno profonde, riempite con pietre alterate dal fuoco che le ha arrossate oppure ha conferito loro un colore grigio-bluastro[9]. Anche a Torre Sabea sono emerse probabili strutture abitative evidenziate da buche di palo e canalette, fosse di combustione in un'area esterna alle abitazioni, un'area di lavorazione della selce, una zona con rifiuti ossei e aree di concentrazione delle ceramiche[10]. Le strutture di combustione, costituite da fosse circolari, sono riempite con numerosi ciottoli angolosi dei quali molti rivelano nel colore e nella frammentazione una prolungata esposizione al calore. Alcune fosse con pareti arrossate erano probabilmente utilizzate per riscaldare i ciottoli[11].

A Trasano compaiono invece strutture più elaborate, veri e propri forni connessi stratigraficamente ai livelli più antichi, cioè all'orizzonte arcaico della ceramica impressa. Il primo ha un piano di forma grosso modo ovoidale formato da uno strato di terra cotta nerastra, mentre il secondo ha un piano circolare di terracotta[12]. Strutture di combustione analoghe sono documentate dai due forni di forma simile, a pianta circolare, rinvenuti nei livelli più antichi, in un'area esterna alle abitazioni. Anche in questo contesto, come nel caso di Montedoro, si ritrovano alcune forme semplici ma funzionali, come le fosse di combustione circolari, riempite di ciottoli, ceramica e intonaco, carboni e cenere – ben documentate a Torre Sabea –, con pietre fortemente alterate dal fuoco e adibite

alla cottura, forse dei cibi[13].
Emerge dunque una situazione abbastanza articolata nel territorio qui considerato e negli areali limitrofi[14].
Sempre nel comprensorio tarantino, nel villaggio di Cimino[15], un intervento di scavo ha messo in evidenza strutture abitative con focolari pertinenti a fasi neolitiche antico-evolute, con un tipo di economia strettamente dipendente dallo sfruttamento dell'ambiente lagunare marino, come testimonia la ricca presenza di resti malacologici, e dell'ambiente agricolo di retrobattigia, in base ai paleoresti vegetali. In un ambiente della stratificazione inferiore, un focolare di pietre con gusci di conchiglie marine attesta la funzione edule in associazione a ceramica impressa di tipo cardiale.

Nel coevo sito di Samari (Gallipoli, Lecce), il settore centro-orientale era occupato da un'ampia zona di combustione, il cui elemento principale era rappresentato da un focolare subcircolare su cui era uno strato di terra fortemente arrossata e concrezionata a superficie molto compatta e lisciata, attraversata da fessurazioni dovute all'azione del fuoco. Intorno alla struttura di combustione la roccia risultava spianata e in parte calcinata dal fuoco[16].

Nell'area ionica occidentale, in particolare nella Sibaritide, un forno individuato di recente a Favella, a pianta sub-circolare, è indiziato da una dispersione planare di concotto e da un probabile piano di lavorazione contiguo[17]. Anche a Capo Alfiere[18] appare confermato l'uso connesso con le attività quotidiane, in base alla posizione nel pavimento della capanna di un ampio focolare su lastrine in arenaria.
Ancora, tornando al territorio apulo, il sito di

[9] L'evidenza suggerisce due differenti modalità di cottura e di utilizzazione di strutture in apparenza molto simili corrispondenti rispettivamente ad un ambiente ossidante, in cui le pietre sono state surriscaldate all'esterno e quindi collocate nella fossa, e ad un ambiente riducente, come testimoniano le pareti rubefatte della fossa e la terra nera sul fondo della stessa, cfr. GRIFONI CREMONESI 1996b, tav. 25.a.
[10] RADI, VEROLA 1996.
[11] RADI 2002a, pp. 652-653.
[12] CREMONESI 1991; GRIFONI CREMONESI 1996b, tav. 26. a-b; ID. 1999, p. 63, figg. 7-8.

[13] Per la documentazione delle strutture di combustione si rimanda a G. Radi (2002b, pp. 697-698).
[14] RADI et al. 2000.
[15] Da scavi recenti è emersa una serie di ambienti con ampia distribuzione di fornelli e buche di "cottura" cfr. GORGOGLIONE 1996, p. 125; EAD. 2002, p. 778.
[16] CREMONESI 1991, p. 87, fig. 2; ORLANDO 2002, pp. 642-643.
[17] Va osservato che forni di questo tipo sono noti in vari contesti del Neolitico Antico dell'Italia sud-orientale (Trasano, Ripa Tetta) e che dettagliati confronti si riscontrano in ambito egeo (Achilleion, Dikili Tash), cfr. NATALI, TINÉ V. 2002, p. 711.
[18] MORTER 2002, p. 729.

Lagnano da Piede[19], oltre a strutture varie, ha restituito i resti di quattro capanne, due delle quali conservano all'interno i resti del focolare. L'analisi delle strutture minori ha fornito i risultati più interessanti, attraverso l'accurata registrazione e rappresentazione dei dettagli e delle relazioni tra i singoli elementi e le varie unità strutturali nella loro distribuzione spaziale. Tra queste le strutture di combustione presentano una morfologia molto varia, connessa con una serie di funzioni fortemente diversificate. Del resto, anche nel caso di forme relativamente semplici, riscontrate nell'insediamento a ceramica impressa arcaica di Torre Sabea[20], quali le fosse grosso modo circolari, più o meno profonde, riempite con pietre fortemente alterate dal fuoco, è stato possibile individuare due classi. Nella prima le pareti della fossa non hanno subito sostanziali modificazioni e sembra che le pietre siano state surriscaldate all'esterno per essere poi collocate nella fossa. Nella seconda le pareti della fossa sono rubefatte e sul fondo appare della terra nera che sembra suggerire una combustione delle pietre all'interno.

A Ripa Tetta (Lucera, Foggia)[21] sono stati individuati diversi tipi di strutture relative a due fasi principali di insediamento. Nel Livello superiore, focolari in pietra e argilla; nel Livello inferiore, una serie di buche di palo che sembrano formare degli allineamenti, anche se la superficie esplorata è insufficiente per ricostruire la disposizione complessiva dei fori. Nello spessore del suolo sono state scavate anche delle fossette poco profonde, per un tratto rettilinee, poi pieganti ad angolo, individuate anch'esse su una superficie troppo modesta per ricostruirne forma e funzione.

Da quanto noto si va definendo una situazione abbastanza articolata, con numerosi tipi di strutture all'interno dei singoli abitati, molte delle quali comuni (buche di palo e canalette, fosse di combustione, aree di acciottolato, battuti, focolari), altre più particolari (forni di argilla). In tutti gli insediamenti noti risultano contemporaneamente attestate anche forme e strutture diverse, che possono indicare una variabilità legata alla diversa funzione. È stato

osservato che nelle linee generali la posizione varia a seconda dell'uso: spesso i focolari di tipo domestico, dalle forme più semplici a quelli più specializzati che prevedevano la cottura a cielo aperto e che non dovevano raggiungere temperature particolarmente elevate, sono accanto – nel caso di Balsignano – o all'interno delle strutture abitative – Rendina I –, certamente collocati in corrispondenza di sfiatatoi nel tetto[22]. Sono noti anche casi di strutture di combustione più complesse situate presso aree di lavorazione, utilizzate per la cottura dei cereali, di cibi e per la ceramica come a Ripa Tetta[23].

Nell'areale lucano settentrionale, nel sito di Rendina (periodo III)[24] sono state rinvenute, sia in relazione alle capanne che in aree aperte, strutture funzionali di vario tipo come strutture di combustione a grandi ciottoli, focolari, lastricati, buche e pozzetti, un piccolo forno. Il forno del villaggio neolitico sull'Olivento[25] era probabilmente adibito alla cottura delle ceramiche depurate e dipinte in un'area esterna alle abitazioni, al centro di strutture di combustione.

Un uso domestico va ipotizzato invece per il fornello del fondo Azzolini al Pulo di Molfetta (Bari)[26]; si tratta di una struttura molto semplice, di forma subcircolare e delimitata da pietre e da frammenti di concotto argilloso. Sempre in Puglia centrale, a Balsignano[27] più specializzata risulta la struttura di combustione di pianta sub-rettangolare, accanto alla quale era una fossetta a pianta circolare foderata di pietre. Nel sito di Le Macchie[28], a sud-est di Bari, in un'area dell'insediamento caratterizzata dalla presenza di un complesso di circoli di pietre rubefatte, era disposto un piano lastricato di forma sub-rettangolare con fodera di argilla cotta.

Nel complesso, dalle indagini effettuate nell'area ionico-tarantina risulta che le segnalazioni di contesti abitativi del Neolitico Antico interessano i pianori del versante

[19] MALLORY 1984-1987.
[20] RADI 2002a, p. 653.
[21] TOZZI 2002, p. 581.
[22] RADINA, SARTI 2002, p. 205.
[23] TOZZI 2002.
[24] CIPOLLONI 2002b, p. 670.
[25] RADINA, SARTI 2002, p. 205.
[26] RADINA 2002d.
[27] RADINA 2002f, pp. 633-634.
[28] RADINA 1999.

meridionale del Mar Piccolo e la costa alta del Mar Grande. Nel villaggio di Cimino, sorto su un pianoro del Golfo di Taranto a 18 slm, distante 500 m dalla costa del Mar Piccolo, sono state messe in evidenza strutture abitative con focolari pertinenti a fasi neolitiche antico-evolute con un'economia strettamente connessa allo sfruttamento dell'ambiente lagunare marino, quale si configura il Mar Piccolo, per la ricca presenza di elementi malacologici, domesticazione della fauna ed economia agricola attestata da paleoresti vegetali, industria litica di tipo lamellare. Per quel che riguarda poi le strutture abitative, gli ambienti sono delimitati da basamento in pietra con legante in argilla che viene utilizzata anche per il livellamento del piano di calpestio; la perimetrazione si presenta allungata e di forma ovale[29]. Il villaggio di Masseria Era (Montemesola, Taranto) sorge su un pianoro delle formazioni calcarenitiche plio-pleistoceniche su cui è stata segnalata un'ampia distribuzione di insediamenti immediatamente a nord di quelli che ricadono sul versante del Mar Piccolo (Fig. 19). Il villaggio si colloca su un pianoro prospiciente il Mar Piccolo, da cui dista in linea d'aria km 6-7, lungo la stessa quota altimetrica di distribuzione di villaggi neolitici, intorno a m 90 sul livello del mare, verso il territorio di Grottaglie, e gravita su aree di buon potenziale agricolo[30]. Il pianoro si eleva su un'ampia vallata che incide il territorio fino al Mar Piccolo, quale testimonianza di antichi alvei[31]. Relativamente alle strutture d'abitato, la superficie conserva perimetrazione di ambienti con muri in pietra ad andamento subovale; la struttura abitativa si presenta con uno zoccolo di fondazione in pietre rinsaldate da argilla cruda e con l'elevato in argilla cotta sostenuta da strutture lignee di cui sono documentati grossi frammenti con impronta di pali piccoli e medio-

grandi o impressioni di incannucciate che si incrociano[32].

A queste evidenze va aggiunto l'analisi del sistema di drenaggio e di raccolta delle acque meteoriche che a Montedoro sembra essere costituito da vasche e bassi bacini, probabilmente all'origine intonacati, disposti all'esterno delle abitazioni e collegati ad un complesso sistema di canalizzazione (Figg. 16-18). Queste strutture sono infatti poste in relazione da una serie di canaletti più superficiali, che tramite pendenze e sbarramenti artificiali facevano defluire le acque di raccolta in buche e pozzetti di varie dimensioni. Va osservato che l'intero complesso idrico, stratigraficamente coevo alle tre unità abitative, risulta collegato ad un bacino ablatore situato a valle e che il fondo dei canali, allo stesso modo di quello dei pozzetti e delle cavità, è stato scavato nel piano di roccia intonacata con argilla. L'abitato risulta inoltre dotato di un sistema di canalizzazione esterno allo zoccolo perimetrale delle unità abitative e finalizzato al deflusso e alla raccolta delle acque meteoriche in pozzetti ricavati nella roccia e intonacati con argilla o in ampi bacini. Un enorme fossato naturale, con andamento sud-est, circonda l'insediamento nel versante meridionale.

Analogie strutturali si ritrovano nei villaggi del Tavoliere, in particolare a Passo di Corvo[33], dove oltre ai grandi fossati esterni ed ai fossati a C esistono canaletti meno profondi, probabilmente utilizzati da sbarramento delle acque di scorrimento. Da recenti scavi risulta che anche presso il villaggio di Ripa Tetta (Lucera, Foggia)[34] per il deflusso e la raccolta delle acque meteoriche si ricorreva a sistemi di drenaggio costituiti da canalette. Nel Livello inferiore l'andamento delle canalette rivela due o tre fasi di ricostruzione della capanna. Sono state messe in luce un'area abitativa con sovrapposizione di strutture e un'area dedicata ad attività lavorative, indicata dai forni, dalle fosse di cottura e dagli acciottolati[35]. Nel sito di

---

[29] GORGOGLIONE 1996, tav. 10.a.
[30] GORGOGLIONE 1992.
[31] Le indagini territoriali permettono di supporre che, in associazione alla mancanza di fiumi attivi nell'area dei depositi pleistocenici, sia stata la scarsa capacità di ritenzione idrica dei suoli sabbiosi a condizionare e favorire la distribuzione insediativa lungo le sponde adiacenti i fiumi attivi, i paleoalvei e i meandri.

[32] Per la documentazione planimetrica si veda GORGOGLIONE 1996, tav. 11.b-c.
[33] TINÉ S. 1983.
[34] TOZZI 2002.
[35] Per quanto riguarda le strutture, un'aggiornata documentazione è stata di recente pubblicata da C.Tozzi (2002, pp. 580-581).

Guadone (San Severo, Foggia)[36] è emersa una struttura complessa costituita da una grotticella con pianta irregolare e da un pozzetto circolare da cui, in corrispondenza della parete orientale, si diparte una canaletta collegata ad una vaschetta di forma quadrangolare. Questa struttura è stata interpretata al momento dello scavo come una cisterna in cui la vaschetta quadrangolare serviva per la raccolta e la decantazione delle acque meteoriche[37].

Nell'areale ionico-salentino, a Torre Sabea[38], in associazione a probabili strutture abitative evidenziate da buche di palo e canalette, fosse di combustione esterne alle abitazioni, aree di lavorazione della selce e aree di concentrazione delle ceramiche risultano resti di canalette di deflusso.

Nel sito di Rendina (I periodo)[39] vaschette e bassi bacini intonacati si trovano sia all'interno che all'esterno delle abitazioni, mentre una struttura più complessa corrisponde ad un impianto di piccoli fossati collegati fra loro da una serie di canalette più superficiali. Recenti segnalazioni attestano anche per il vicino sito di Serra dei Canonici[40] l'individuazione di resti di una canaletta ricavata nel banco di base. Sempre nel Materano, a Trasano[41] accanto ad una certa varietà di strutture rinvenute quali forni di argilla, fosse di combustione, buchette, battuti, acciottolati, intonaci risultano tracce di forme di drenaggio finalizzate al deflusso delle acque meteoriche.

Di certo, mentre l'insieme dei dati comincia ad essere imponente, su un complesso di siti individuati ed in parte scavati, le testimonianze relative alle singole abitazioni ed alla strutturazione generale risultano ancora oggi estremamente ridotte e controverse[42]. La precarietà strutturale degli abitati neolitici rende in molti casi difficile la ricostruzione degli stessi, che è possibile cogliere solo in parte dalle buche dei pali perimetrali; i livelli pavimentali sono infatti asportati o sconvolti. Tale stato di fatto risulta confermato in alcuni casi dall'evidenza archeologica: si vedano, a titolo esemplificativo, alcuni significativi esempi relativi alla difficoltà interpretativa dell'organizzazione spaziale all'interno degli insediamenti, ben noti in letteratura paletnologica. È il caso di ricordare le capanne del villaggio Azzollini di Molfetta[43], dove sono state ritrovate circa quaranta strutture, che per le loro dimensioni ridotte (diametro variante tra i 2 e i 5 m) hanno sollevato numerosi dubbi interpretativi. Altrettanta perplessità destano la struttura di contrada Casone (San Severo, Foggia)[44], costituita da una serie di buche per pali, il sito di Murgia Timone (Matera)[45], dove i resti delle strutture ipotizzabili attraverso la fitta distribuzione di buche per pali non sono neppure attribuibili con certezza al Neolitico, e il villaggio di Setteponti (Matera)[46], dove i cosiddetti fondi di capanne individuati dal Ridola sono probabilmente da interpretare come strutture di altro tipo. Più chiare, ma pur sempre problematiche, altre strutture rinvenute più di recente nel Tavoliere. A Monte Aquilone[47], la capanna K presenta una pianta di forma ovale, mentre la capanna W è una struttura all'incirca rettangolare; nel sito di Ripa Tetta[48] è stato individuato un singolare ambiente, all'incirca quadrangolare, che trova confronti in Calabria, nel sito di Piana di Curinga[49]. Gli scavi nel villaggio di Ripa Tetta hanno interessato due aree estese all'interno dell'abitato (area A e B); nell'area A è stata messa in luce una struttura abitativa a pianta quadrangolare, delimitata da fossette di fondazione. Nell'area B è stato individuato un grande acciottolato interpretato come uno spazio lavorativo, in base al ritrovamento di cariossidi di cereali e di un piano di cottura[50]. Lo stesso problema si pone per il sito di Passo di Corvo[51], in cui sono state riconosciute varie fasi costruttive; oltre ai

---

[36] TINÉ S., BERNABÒ BREA M. 1980; NATALI, TINÉ S. 2002, p. 570.
[37] Studi e osservazioni successivi hanno però smentito una tale lettura della struttura, meglio interpretabile come *silos*, cfr. NATALI, TINÉ S. 2002, p. 570.
[38] GRIFONI CREMONESI 1996b, p. 207.
[39] CIPOLLONI 2002b, p. 669.
[40] NAVA 2002, p. 679.
[41] GUILAINE 1994; RADI 2002b.
[42] CIPOLLONI SAMPÒ 1991.

[43] MOSSO 1910; RADINA 2002d.
[44] DE JULIIS 1972; 1975.
[45] LO PORTO 1978.
[46] RIDOLA 1926.
[47] MANFREDINI 1972.
[48] TOZZI, TASCA 1989.
[49] AMMERMAN 1988; AMMERMAN *et al.* 1988.
[50] TOZZI 2002, pp. 580-581; GRIFONI CREMONESI 1996b, tav. 25.c.
[51] TINÉ S. 1983.

grandi fossati esterni ed ai fossati a C esistono canalette meno profonde che si ritiene potessero servire da sbarramento delle acque di scorrimento. Tra le strutture singolare appare la pianta di una capanna costituita da un unico ambiente absidato.

Ancora, per la Puglia meridionale, la fase antica del Neolitico è testimoniata dall'insediamento di Torre Sabea, da alcuni siti più o meno coevi localizzati nell'entroterra a Torre dell'Alto Lido e a Campi Latini, presso Galatone; mentre ad un momento più avanzato sono probabilmente riferibili Canale Samari e Manduria[52].

Pertanto, da quanto edito e sulla base degli esempi a disposizione, si va delineando un modello di struttura abitativa ad un solo ambiente, con spazio libero intorno, con focolare circolare scoperto all'esterno o all'interno. Emerge dunque una situazione abbastanza articolata, con numerosi tipi di strutture all'interno dei singoli abitati, molte delle quali comuni – buche di palo e canalette, fosse di combustione, aree di acciottolato, battuti, focolari –, altre più particolari. Tra le strutture di combustione sono stati ritrovati nell'areale indagato sia focolari poco elaborati sia strutture più complesse, anche se non sempre ne risultano chiare le funzioni specifiche al di là di un uso generico legato al fuoco, con destinazione essenzialmente domestica. I primi sono per lo più subcircolari con l'area di combustione delimitata da pietre oppure pietrame impiegato come piano d'appoggio del combustibile. È stato inoltre notato che in tutti i casi la documentazione indica chiaramente una particolare rilevanza dell'aspetto domestico: in tutti gli insediamenti noti e scavati più estensivamente risultano contemporaneamente attestate anche forme e strutture diverse, indicatori di una variabilità della funzione.

2.2. Produzione ceramica

Lo stato delle conoscenze sullo sviluppo e diffusione del Neolitico Antico a ceramiche impresse in Italia meridionale contribuisce a definire *facies* e areali distinti[53]. L'area di più antica neolitizzazione è certamente quella del Sud-Est della Penisola, comprendente i territori tra il basso Adriatico e l'alto Ionio, tra il Gargano e la Sibaritide. L'osservazione della distribuzione della ceramica impressa prospetta interessanti spunti sul problema della circolazione, delle vie e delle modalità di diffusione e al contempo contrassegna una varietà di percorsi paralleli, ma interconnessi, alla base di un patrimonio culturale e tecnologico comune.

È certo che l'area ionico-tarantina si inquadra in un orizzonte culturale più ampio anche se, va detto, lo studio dei materiali risulta in alcuni casi in una fase del tutto preliminare, per cui non è al momento possibile formulare una elaborazione statistica complessiva fra le varie classi ceramiche. Va precisato, però, che tra le diverse prospettive di approccio alla ricostruzione dei processi alla base della diffusione neolitica è stata privilegiata quella relazionale, nelle peculiari dinamiche di impatto e interazione sulle comunità locali[54].

La documentazione proveniente dal sito di Montedoro attesta frammenti ceramici impressi di *facies* arcaica ed evoluta. I ritrovamenti registrano la presenza di ceramiche caratterizzate da evidenti innovazioni nella produzione vascolare: nella tematica decorativa

[52] Una stretta interrelazione tra territorio e paleoambiente, soprattutto in riferimento alle formazioni dunari e alla antica linea di costa, è stata posta in evidenza nel comprensorio di Gallipoli da M.A. Orlando (1996a, tav. 8).

[53] Nello studio dei processi di affermazione dell'economia produttiva e di trasformazione delle società neolitiche, l'analisi della produzione ceramica e delle variazioni delle tecniche e degli stili decorativi ha assunto un particolare rilievo. L'alta incidenza quantitativa e la varietà di classi e stili hanno consentito attraverso l'analisi stilistico-tipologica un utilizzo come strumento di datazioni relative, ai fini della definizione di sequenze crono-culturali. La distribuzione delle materie prime e delle aree di approvvigionamento è piuttosto ampia e la prossimità a tali risorse non sembra aver costituito un fattore particolarmente discriminante nelle modalità di occupazione del territorio.
[54] L'approvvigionamento delle materie prime costituisce, inoltre, in assenza di analisi archeometriche comparate, un aspetto problematico nello studio delle interrelazioni tra territorio e insediamenti, cfr. LAVIANO, MUNTONI 2006.

impressa dominano i motivi a *rockers* e quelli lineari semplici[55]. Sono presenti anche frammenti vascolari d'impasto grossolano, con superfici lisciate e tema decorativo dipinto a larghe fasce di colore rossastro o giallastro scuro. Si segnala inoltre la presenza di alcuni frammenti vascolari d'impasto piuttosto depurato con superfici levigate e tematica decorativa eseguita a graffito. Le tipologie sono pertinenti a recipienti aperti e profilo curvo[56]. Le superfici risultano ingobbiate e lisciate a stecca, con colori varianti tra il bruno rossiccio e il nerastro. La superficie esterna presenta una decorazione ad impressioni a crudo, a unghiate con riporto laterale di argilla[57], oppure a unghiate poco profonde, a ditate o a pizzicato con sopraelevazione laterale di argilla[58]. Questi

motivi decorativi sono abbastanza rappresentati, come il motivo delle impressioni ottenute con punzoni di vario tipo e quello cardiale[59] (Figg. 20-21), che trova stringenti confronti con i materiali rinvenuti nel territorio di Grottaglie, presso il sito di Masseria Melia[60], e in altri insediamenti neolitici a sud-est di Taranto, quali Le Conche (Figg. 22-23), Morrone Nuovo, Pozzella (Fig. 24), Librari (Fig. 25.1; 26), Truglione (Fig. 27.2-4), Masseria Cotugno (Fig. 27.6), La Cirenaica (Fig. 28.1,9), Casa Straccioni (Fig. 28.10-12), La Commenda, C. Bruno-Spirito Santo, Mirante (Fig. 29), Specchiarica (Fig. 30.11-13), S. Pietro (Fig. 31.1-2, 4-6, 10), Casa Schiavoni (Fig. 31.7-8, 11).

Tra le forme sono presenti quelle chiuse ovoidali, ma anche quelle aperte tronco-coniche

---

[55] Vasta diffusione presenta il motivo a *rockers* nell'areale ionico-tarantino, in particolare nei siti a sud-est di Taranto, cfr. FEDELE 1972. Si osservino inoltre stringenti confronti con la produzione di Masseria Valente (Manfredonia, Foggia), cfr. CASSANO, MANFREDINI 1981, tav. XXIII.4; di Le Macchie (Polignano a Mare, Bari), cfr. RADINA 1981, tav. XXXV.9; di Torre Canne (Fasano, Brindisi), cfr. COPPOLA 1981a, p. 264, n. 4. Affinità su base ornamentale, con le dovute differenze tipologico-strutturali, presentano anche alcuni frammenti provenienti da La Vigne Serrero, in Algeria, cfr. CADENAT 1969, p. 237, nn. 6-7; p. 238, nn. 2-4.

[56] Confronti tipologico-strutturali e su base ornamentale si riscontrano con la produzione ceramica, edita di recente, relativa all'areale apulo centrale; in particolare si fa riferimento alla produzione ceramica di Madonna delle Grazie (Rutigliano, Bari), cfr. RADINA 2002a, p. 14, fig. 13; di San Lazzaro e S. Antonio a Callano (Barletta, Bari), cfr. MUNTONI 2002a, p. 46, fig. 4; p. 48, fig. 6; del Fondo Azzolini (Pulo di Molfetta, Bari), cfr. CARAMUTA, MUNTONI 2002, p. 116, fig. 2; di Calcarone (Trani, Bari), cfr. CARAMUTA 2002b, p. 67, fig. 5.

[57] Per le ceramiche impresse con il motivo ad unghiate ordinate, i confronti si stabiliscono con i siti di Masseria Santa Giusta (GRAVINA 1987, p. 42, fig. I.5), di Sarcina (NAVA 1982, tav. XLVI.2,8), di Pian Devoto (GRAVINA 1985, p. 82, fig. 2.8), di Carrara San Francesco, Bisceglie (STRICCOLI 2002, p. 91, fig. 6), con Grotta del Guardiano alla Ripagnola (BIDDITTU, SEGRE NALDINI 1987, p. 199, fig. 2.9), con i siti di Librari (FEDELE 1972, p. 155, fig. XIV.a,d,m), di Pozzella (FEDELE 1972, p. 129, fig. I.m), mentre i frammenti di anse con serie di unghiate impresse si ritrovano anche presso il sito di Torre Canne (COPPOLA 1981a, p. 267, fig. 3.5).

[58] Diffusione più comune hanno i frammenti con decorazione impressa a ditate e a pizzicate con riporto di argilla documentati presso i siti di Masseria Valente (CASSANO, MANFREDINI 1981, tav. XXIII.1,3), di villaggio del Guadone di S. Severo (TINÉ S., BERNABÒ

BREA 1980, p. 55, fig. 5.h), di Ripa Tetta (TOZZI 1984a, tav. XLI.1), di Coppa Nevigata (MANFREDINI *et al.* 1996, p. 32; MANFREDINI 2002b, p. 592), di Gavetino don Petrilli, Bisceglie (CARAMUTA 2002b, p. 64, fig. 2), di Madonna delle Grazie (RADINA 2002a, p. 14, fig. 13), di Grotta del Guardiano alla Ripagnola (BIDDITTU, SEGRE NALDINI 1987, p. 199, fig. 2.13), di Torre Canne (COPPOLA 1981a, p. 264, fig. 2.9), di Grotta di Monte Fellone (COPPOLA 1980, p. 26, fig. 1.a-b), di Trasano, fase I (RADI 2002b, p. 700), di Rendina I (COCCHI GENICK 1994, p. 201, fig. 46.7; CIPOLLONI 2002b, p. 671). Si ritrovano anche in area transadriatica ed egeo-orientale presso i siti di Magoulitsa (ZERVOS 1962, p. 198, fig. 170), di Tebe in Phtiotide (ZERVOS 1963, p. 291, fig. 365), di Starčevo (ZERVOS 1963, pp. 444-445, figg. 686; 689-691).

[59] I confronti si instaurano con i siti di Prato Don Michele (CURCI 2002, p. 552), della miniera della Defensola (GALIBERTI 2002, p. 565), di Coppa Nevigata (CASSANO, MANFREDINI 1987, p. 747, fig. 3), di Mezzana Comunale (GAMBASSINI, PALMA DI CESNOLA 1967, p. 339), di Pezza del Pilone (Canne) (RADINA 2002b, p. 36, fig. 3), di villaggio del Guadone (TINÉ S., BERNABÒ BREA 1980, p. 56, fig. 6.d), di Ripa Tetta (TOZZI 1984a, tav. XLII.2), di Coppa Nevigata (MANFREDINI *et al.* 1996, p. 32), con il Pulo di Molfetta (RADINA 2002d, p. 105, fig. 6), con i siti di Madonna delle Grazie (RADINA 2002a, p. 14, fig. 13), di Scamuso (COPPOLA 1997, p. 125, tav. XI.10), di Torre Canne (COPPOLA 1981a, p. 264, fig. 2.1-2), di Le Conche (FEDELE 1988, p. 14, fig. 2.4), di Cimino (FEDELE 1992, p. 80, fig. 41), di Terragne (GORGOGLIONE 1995c, p. 122, fig. 12.1-6), di Torre Sabea (RADI 2002a, pp. 654-655), di Rendina I (CIPOLLONI 2002b, p. 671), di Setteponti (BIANCO 2002, p. 688).

[60] Per una dettagliata documentazione relativa a tecnologia, morfologia e decorazione delle ceramiche impresse del Neolitico Antico di Masseria Melia, v. GORGOGLIONE 2002, pp. 780-781.

ed emisferiche[61]. In alcuni frammenti tutta la superficie risulta ricoperta da decorazione ad unghiate con riporto di argilla. Il ritrovamento di vari frammenti ha permesso di ricostruire vasi di discrete dimensioni con orlo e superficie ricoperta da ornati a pizzicato disposti in file verticali con andamento abbastanza regolare. Numerosi frammenti di ceramica non depurata con inclusi vari, di colore bruno marrone e nerastro, presentano una decorazione costituita da impressioni profonde e regolari, per lo più rettilinee. L'analisi di tale materiale vascolare accerta la presenza di una categoria di vasi di grandi dimensioni e dalla struttura grossolana[62]. Sono presenti ceramiche d'impasto grossolano con inclusi silicei o vegetali, a pareti spesse decorate ad impressione o ad incisione[63], con tecniche e tematiche abbastanza note.

Diffuse sono anche le ceramiche graffite con motivi geometrici[64], con serie di linee parallele[65] e a tremolo[66] (Fig. 32), che trovano confronti con alcuni esemplari provenienti dal Sud-Est tarantino, da Palmintiello (Fig. 25.5-6,8-9), La Cirenaica (Fig. 28.2-6), Chidro (Fig. 30.1-10), Casa Schiavoni (Fig. 31.3), San Pietro (Fig. 31.9). Le forme sembrano rimandare a dolii tronco-conici, a fiaschi con collo distinto e non, a scodelle e scodelloni a profilo sinuoso, a bicchieri cilindrici, a ciotole aperte con profilo curvo. Compare qualche raro frammento di ceramica d'impasto depurata con inclusi silicei,

[61] I confronti su base tipo-morfologica rimandano alla produzione vascolare di Prato Don Michele (CURCI 2002, p. 551), della miniera della Defensola (GALIBERTI 2002, p. 565), di Coppa Nevigata (MUNTONI 1996, tav. 42.a-b), di Balsignano (FIORENTINO *et al.* 2000, p. 405, fig. 12), di Masseria Candelaro (MARCONI, MUNTONI 2000, pp. 455-456, figg. 2-3; CASSANO, MUNTONI 2002, p. 599), di Cave Mastrodonato (CARAMUTA 2002a, p. 58, fig. 2), del Pulo di Molfetta (CARAMUTA, MUNTONI 2002, pp. 118-119, figg. 4-5), di Favella (V. TINÉ *et al.* 2000, p. 481, fig. 4; p. 483, fig. 5; NATALI, TINÉ V. 2002, pp. 712-714) e di area egeo-orientale (THEOCHARIS 1973, p. 280).

[62] Si tratta di motivi decorativi ampiamente diffusi nel territorio apulo-lucano come emerge dalla documentazione proveniente dai siti di Coppa Nevigata (CASSANO, MANFREDINI 1987, p. 747, fig. 3), della valle dell'Ofanto (CIPOLLONI SAMPÒ 1987a, p. 161, fig. 3.3,7, 20), di Coppa Pallante (GRAVINA 1983, tav. V.2-3,7), di villaggio del Guadone (TINÉ S., BERNABÒ BREA 1980, p. 55, fig. 5.b), di Ripa Tetta (TOZZI 1984a, tav. XLI.5), di Balsignano (MUNTONI 2002b, p. 159, fig. 1), di Specchione A (MARTINELLI 1983, tav. XXVII.7,9,13), di San Lazzaro e di San Antonio a Callano (Barletta) (MUNTONI 2002a, pp. 46, 48, figg. 4; 6), di Calcarone (Trani) (CARAMUTA 2002b, p. 67, fig. 5), di Carrara San Francesco (Bisceglie) (STRICCOLI 2002, p. 91, fig. 6), di Cimino e di Villa Pepe (FEDELE 1992, p. 80, nn. 36-37), di Grotta Sant'Angelo di Ostuni (COPPOLA 2001, pp. 84, 86, figg. 9.7; 10.4), di Torre Canne (COPPOLA 1981a, p. 264, fig. 2.6), di San Vitale di Salandra (Matera) (BIANCO, CIPOLLONI SAMPÒ 1987, p. 314, fig. 4.6), di Rendina I (COCCHI GENICK 1994, p. 201, fig. 46.8-9). Ulteriori confronti si instaurano con l'area transadriatica ed egea, con i siti di Starčevo (ZERVOS 1963, p. 444, fig. 684) e di Magoulitsa (ZERVOS 1962, p. 198, fig. 170).

[63] I motivi decorativi ad incisione presentano forme geometriche piuttosto semplici oppure sono variamente disposti sulla superficie vascolare di frammenti dall'impasto piuttosto depurato. Una vasta serie di

confronti si instaura con la documentazione proveniente dai siti del territorio a sud-est di Taranto, quali Chidro e San Pietro (FEDELE 1972, p. 168, fig. XXI.c; p. 171, fig. XXII.b,e-f); dalla Puglia centro-settentrionale, siti di Le Macchie (RADINA 1981, tav. XXXV.5-8), di Grotta Santa Croce (RADINA 2002c, p. 80, fig. 6.3-4; RADINA, RONCHITELLI 2002, p. 608), di Carrara San Francesco Bisceglie (STRICCOLI 2002, p. 91, fig. 7), di Specchione A (MARTINELLI 1983, tav. XXVI.2-3,7), di Scamuso (COPPOLA 1997, p. 121, tav. X.12-18), di Coppa Pallante (GRAVINA 1983, tav. III.2,5,7), di Brancalanza (TUNZI SISTO 1992, tav. LXI), di Coppa Pocci (GRAVINA 1990, tav. XVI; fig. 1.9); dall'area egeo-orientale, Zérélia (ZERVOS 1962, p. 237, fig. 258).

[64] Frammenti di ceramica graffita con motivi geometrici, in particolare triangoli campiti da reticolo o da serie di linee parallele, trovano ampia diffusione in Puglia, come attestano i ritrovamenti presso i siti di Grotta di Monte Fellone (COPPOLA 1980, p. 26, fig. 1.d-g), di Caverna dell'Erba (CREMONESI 1979, p. 100, figg. 221-223), di Morrone Nuovo, di Masseria Cotugno, di Mirante, di Torre Borraca, di Chidro (FEDELE 1972, p. 129, fig. I.g; p. 151, fig. XII.b,g; p. 164, fig. XVIII.c; p. 166, fig. XX.a-b; p. 171, fig. XXII.h,l; p. 173, fig. XXIII.a-b,h-n,p), di Le Conche (FEDELE 1988, p. 16, fig. 3.10-14), di Terragne (GORGOGLIONE 1995c, p. 114, fig. 4.1,5-6), di Malerba (Altamura) (GENIOLA, PONZETTI 1987, p. 213, fig. 2.1,4), di Andria-Torre della Guardia (COPPOLA 1987a, p. 183, fig. 2.11).

[65] Il motivo graffito con serie di linee parallele si ritrova presso i siti di Scamuso (COPPOLA 1997, p. 121, tav. X.1-10) e di Tirlecchia (BERNABÒ BREA 1978, p. 155, fig. 5.f-h) e, in area egea, presso i siti di Drakhmani, di Corinto (ZERVOS 1963, pp. 293-294, figg. 371-376), di Soufli-Magoula (ZERVOS 1962, p. 199, figg. 174; 176).

[66] Il motivo graffito a tremolo nelle sue varianti geometrico-ornamentali trova una vasta serie di confronti con i siti di Capanna Longo-Porto Perone (FEDELE 1992, p. 86, fig. 53), di Le Conche, di Morrone Nuovo, di Chidro (FEDELE 1972, p. 138, fig. V.g-h; p. 166, fig. XX.l,m,o; p. 171, fig. XXII.n,o), di Terragne (GORGOGLIONE 1995c, pp. 111, 117-118, figg. 1.1; 7.2; 8), di Andria-Torre della Guardia (COPPOLA 1987a, p. 183, fig. 2.22), di Coppa Pallante (GRAVINA 1983, tav. XIV.5-6), di Trasano, fase III (RADI 2002b, p. 701).

relativa per lo più a forme aperte e profonde a profilo emisferico[67].

I ritrovamenti documentano la presenza di ceramiche caratterizzate da evidenti innovazioni nella produzione vascolare: nella tematica decorativa impressa dominano i motivi a *rockers*, a *rockers* cardiali, a bande di *rockers* simmetrici che sembrano richiamare elementi floreali[68] (Figg. 33-34).

Si registra un'altra serie di frammenti di ceramica alquanto depurata con superfici interne ed esterne ben lisciate e in alcuni casi lucidate. Gli orli sono diritti, leggermente assottigliati, in ceramica di colore grigiastro o marrone-brunastro inadorna[69] (Fig. 35). Infine,

un gruppo di frammenti presenta tracce di pittura rossa o brunastra sulle superfici; alcuni di maggiori dimensioni riportano fasce larghe in colore rosso-brunastro non marginate; la superficie esterna è alquanto irregolare, mentre quella interna mostra tracce di steccatura e striature. Sono presenti anche frammenti di ceramica ben depurata, ingobbiata e lucidata sulle due superfici, di colore rossastro a fasce strette[70] e a reticolo dipinto[71] (Fig. 36). La documentazione attesta frammenti ceramici d'impasto grossolano, con superfici lisciate e tema decorativo dipinto a larghe fasce di colore rossastro, che trovano confronti con la coeva produzione ceramica apulo-lucana e transadriatica[72]. È stata segnalata anche la

---

[67] Per gli aspetti morfologici si veda la produzione di Coppa Nevigata (MUNTONI 1996, tav. 42.a-b); di Lago del Rendina, sito 3 (BERTOLANI 1996, tavv. 51-53), di Favella (TINÉ V., NATALI 1996, tavv. 54-59).

[68] Si tratta di motivi decorativi di vasta distribuzione come risulta dai siti coevi apulo-lucani di Coppa Pallante (GRAVINA 1983, tav. VI.1-3,5), di Ripa Tetta (TOZZI 1984a, tav. XLII.7), di Specchione A (MARTINELLI 1983, tav. XXVII.1-5,8,10), di Andria-Torre della Guardia (COPPOLA 1987a, pp. 181, 183, figg. 1.4-5; 2.7-9), di Scamuso (COPPOLA 1997, p. 125, tav. XI.13,19,23), di Torre Canne (COPPOLA 1981a, pp. 264, 269, figg. 2.4; 5.9), di Morrone Nuovo, di Casa Straccioni (FEDELE 1972, p. 129, fig. I.e; p. 160, fig. XVI.c), di Le Conche (FEDELE 1988, p. 14, fig. 2.9), di Cimino (FEDELE 1992, p. 80, fig. 39). Anche nell'area mediterranea meridionale i confronti si potrebbero instaurare, nonostante le differenze strutturali, con i siti di Castellaro Vecchio (CAVALIER 1979, p. 54, fig. 6.a) e di La Vigne Serrero, in Algeria (CADENAT 1969, p. 238, fig. 11.2-4). Per il motivo a *rockers* cardiale, confronti sono stati individuati nei siti di Monte di Salpi, Alma Dannata, Marandrea, Masseria Cerina, Mattoni, Vasche Napoletane, Foce Carmosina e Argine San Vito in territorio dauno (TUNZI SISTO 2002, p. 771), di San Antonio a Callano-Barletta (MUNTONI 2002a, p. 48, fig. 6), di Gavetino don Petrilli-Bisceglie (CARAMUTA 2002b, p. 64, fig. 2), del Pulo di Molfetta (CARAMUTA, MUNTONI 2002, p. 117, fig. 3), di San Lazzaro-Barletta (MUNTONI 2002a, p. 46, fig. 4), di Grotta del Guardiano alla Ripagnola (BIDDITTU, SEGRE NALDINI 1987, p. 199, fig. 2.6), di Le Conche (FEDELE 1988, p. 16, fig. 3.4), di Masseria Marchese (FEDELE 1972, p. 164, fig. XVIII.f).

[69] Una buona diffusione rivela la ceramica inadorna anche in Puglia centro-settentrionale, a Coppa Pallante (GRAVINA 1983, tav. XVI.5-6), a Scamuso (COPPOLA 1997, p. 101, tav. IX) e a Le Macchie (RADINA 1981, tav. XXXVII.1-7) e in area transadriatica ed egeo-orientale, come documentano le testimonianze dei siti di Lerna, di Sesklo, di Otzaki-Magoula, di Néméa (ZERVOS 1962, p. 164, fig. 101; p. 165, fig. 103; p. 168, fig. 106; p. 176, fig. 122), di Starčevo, di Karanovo, di Tell de Yassa

Tépé, di Karanovo (ZERVOS 1963, p. 443, figg. 681-683; p. 468, fig. 745; p. 468, fig. 746; p. 468, figg. 747-748).

[70] I frammenti a fasce strette sono particolarmente diffusi in Puglia centro-settentrionale come emerge dalla documentazione proveniente dai siti di Ripa Tetta (Lucera, Foggia) (TOZZI, VEROLA 1990, tav. XV.1b,3a,3b,4a,4b), di Specchione A (MARTINELLI 1983, tav. XXVIII.15), di Le Macchie (RADINA 1981, tav. XXXVI.2-6), di Balsignano (RADINA 2002e, p. 155, fig. 21) e di Scamuso (COPPOLA 1997, p. 127, tav. XII).

[71] Il motivo decorativo a reticolo dipinto trova strette affinità con il sito di Malerba, Altamura (GENIOLA, PONZETTI 1987, p. 215, fig. 3.12), e con l'area egeo-orientale, in particolare con i siti di Tsani Magoula, di Cheronea, di Zérélia, di Pyrasos, di Corinto (ZERVOS 1962, pp. 221, 224, figg. 230; 235; p. 231, fig. 247; pp. 236-238, figg. 257-259; p. 270, fig. 327; pp. 270-271, figg. 326; 331) e di Dimini (CREMANTE, STORTI 1997, p. 277).

[72] Per la Puglia settentrionale le affinità tipologiche rimandano ai siti di Coppa Pallante (GRAVINA 1983, tav. XVII.3), di Ripa Tetta (TOZZI, VEROLA 1990, tav. XV) e di Andria-Torre della Guardia (COPPOLA 1987a, p. 183, fig. 2.25); mentre per la Puglia centrale i confronti si instaurano con Grotta del Guardiano alla Ripagnola (BIDDITTU, SEGRE NALDINI 1987, p. 199, fig. 2.14-15, 17), con Grotta della Tartaruga di Lama Giotta (COPPOLA, RADINA 1985, tav. LXIX.8), con Specchione A (MARTINELLI 1983, tav. XXVIII.10-12) e Specchione B (MARTINELLI 1983, tav. XXIX.7), con Scamuso (COPPOLA 1997, p. 95, tav. VIII). In Puglia meridionale rilevanti risultano i confronti con Grotta Sant'Angelo di Ostuni (COPPOLA 2001, p. 86, fig. 10.1,7-8), con Le Conche (FEDELE 1972, p. 140, fig. VI.g) e con Terragne (GORGOGLIONE 1995c, p. 113, fig. 3.3-5). Ulteriori confronti sono possibili con Contrada Cetrangolo di Montalbano Jonico (BIANCO 1983, tav. III.a-h), con Praia a Mare (CARDINI 1970, p. 45, fig. 6.4), con Castellaro Vecchio (CAVALIER 1979, p. 59, fig. 10) e con l'area egeo-orientale, in particolare con i siti di Pyrasos

presenza di ceramiche bicromiche con motivi a fiamma e tricromiche, in particolare con motivo a fiamme marginate e a spirale marginata (Fig. 37). Si tratta di un motivo diffuso: frammenti di ceramica tricromica a larga fascia marginata da linee nere si ritrovano anche a Caverna dell'Erba[73], da cui proviene materiale significativo per le fasi del Neolitico Antico[74].

Inoltre, influenze di contesti culturali allogeni sono evidenti nelle affinità che gli schemi decorativi rivelano con l'area del Tavoliere, in particolare con lo stile di "Masseria La Quercia", che trova larga distribuzione nell'area del Golfo di Taranto, e con lo stile "Lagnano da Piede", che risulta più tipico del contesto di Terragne e dell'area salentina.

Anche nel territorio in esame, si distinguono nell'ambito della *facies* a ceramica impressa una fase più antica – *facies* arcaica – caratterizzata da forme e decorazioni semplici, ed una più recente con decorazioni più varie e complesse[75].

È stato posto in evidenza come i siti di *facies* arcaica siano concentrati in un'area circoscritta dell'Italia sud-orientale, comprendente gli areali territoriali direttamente affacciati o collegati per via fluviale al basso Adriatico e all'alto Ionio.

Tra i più significativi del territorio pugliese degni di nota risultano: Prato Don Michele (isola di San Domino, Tremiti), Coppa Nevigata e Masseria Candelaro (Tavoliere), Scamuso, Torre Canne, Grotta del Guardiano e Fontanelle (tratto costiero adriatico tra Bari e Brindisi), Terragne, Cimino, La Croce, Masseria S. Pietro, Masseria Era, Masseria Melia, Montedoro nel comprensorio ionico-tarantino, Torre Sabea (Gallipoli). In Basilicata si ricordano: Trasano (Materano) e Rendina (alta valle dell'Ofanto); mentre, in Calabria: Favella (Piana di Sibari)[76]. Si tratta di aree che rivelano nella documentazione materiale pertinenti confronti con le coste ioniche e adriatiche orientali, dove è documentata una *facies* analoga a ceramiche impresse di tipo arcaico.

Il sito di Prato Don Michele nell'isola di San Domino[77] presenta ceramiche impresse della fase arcaica realizzate con svariate tecniche che vanno dall'impressione strumentale ottenuta con punzoni di varia forma (appuntiti, piatti, stondati, con valve di *Cardium*, strumenti taglienti), all'impressione digitale (unghiate, polpastrelli, pizzicato) che tende ad interessare tutta la superficie vascolare.

Nella Sibaritide, a Favella[78] la classe grossolana è caratterizzata da inclusi vari; le forme della ceramica impressa arcaica sono di medio-grandi dimensioni, per lo più chiuse e caratterizzate da un profilo ovoidale e globulare. Nettamente minoritarie risultano le forme aperte, quasi tutte relative a recipienti con profilo tronco-conico o leggermente curvilineo[79]. La decorazione a *rocker* è del tutto assente a Favella, come anche a Prato Don Michele, a Fontanelle, a Rendina I e a Lago del Rendina-sito 3, mentre in altri siti – Trasano, Coppa Nevigata, S. Lazzaro, La Rovere, Posta Piana, Torre Canne, Torre Sabea, Masseria Candelaro e Grotta del Guardiano – questo motivo appare con basse percentuali anche nella fase arcaica.

(ZERVOS 1963, p. 316, fig. 414) e di Servia (CREMANTE, STORTI 1997, p. 277).

[73] Si veda G. CREMONESI 1979, p. 107, fig. 242. Altri esemplari provengono dall'area ionico lucana, da Contrada Cetrangolo di Montalbano Jonico (BIANCO 1983, tav. VIII.f-i), e dall'entroterra lucano, da Leonessa di Melfi (BIANCO, CIPOLLONI SAMPÒ 1987, p. 310, fig. 3.1-5). I confronti rimandano anche all'area eolico-lipariota, in particolare a Castellaro Vecchio (CAVALIER 1979, p. 59, fig. 10), e all'area egea, sito di Gonia (ZERVOS 1963, p. 316, fig. 413). Anche il motivo a fiamma rossa marginata di nero si ritrova in area eolico-lipariota, presso l'Acropoli di Lipari (ZERVOS 1963, p. 435, fig. 668), e in area transadriatica, siti di Zérélia e di Servia (ZERVOS 1962, pp. 237, 239, figg. 258-260).

[74] GORGOGLIONE 1994c.

[75] In assenza di una situazione chiara e di datazioni sicure «possiamo osservare che la neolitizzazione del Sud-Est italiano avviene in un periodo assai precoce rispetto al resto della Penisola e dell'Adriatico centro-settentrionale, dove le date più antiche per la ceramica impressa si situano intorno ai 6600 anni fa (Grotta Continenza, S. Stefano, Villaggio Leopardi a Penne, Maddalena di Muccia). Dobbiamo quindi supporre che le Puglie e la Basilicata abbiano avuto un ruolo rilevante nella neolitizzazione della Penisola italiana e in genere del Mediterraneo centro-occidentale», cfr. GRIFONI CREMONESI, TOZZI 1996, p. 448.

[76] Per un aggiornato diagramma delle datazioni C^{14} calibrate dei siti della fase arcaica delle ceramiche impresse dell'Italia sud-orientale, v. V. TINÉ 2002, pp. 137-138.

[77] CURCI 2002, pp. 551-553.

[78] NATALI, TINÉ V. 2002, p. 715.

[79] Un quadro schematico riassuntivo delle tipologie formali delle ceramiche impresse della fase arcaica, classe grossolana, dell'Italia sud-orientale è stato proposto da V. Tiné (2002, p. 135).

Anche nei comprensori salentino e materano, come in generale nell'area ionico-tarantina, la fase più arcaica della ceramica impressa rispettivamente individuata a Torre Sabea e a Trasano[80] è caratterizzata da ceramiche con impasti prevalentemente grossolani e decorazione impressa di tipo arcaico, resa con punzoni svariati fra i quali un peso rilevante assume il *cardium*. Assimilabili alle impressioni sono anche brevi segmenti incisi sia per l'effetto decorativo che per la disposizione[81]. I motivi dominanti sono di tipo semplice: gli elementi impressi tendono a coprire fittamente la superficie dei vasi talora intersecandosi irregolarmente, talora disposti in serie parallele[82].

La serie di insediamenti costieri a sud-est di Taranto – siti di Morrone Nuovo, Pozzella, Masseria La Torretta, contrada Fontana, Polignara, Le Conche, Truglione, Librari, Palmintiello, Masseria Cotugno, La Cirenaica, Casa Straccioni, Madonna d'Alto Mare, La Commenda, Casa Bruno, Masseria Mirante, Masseria Marchese, Torre Borraca, S. Pietro, Casa Schiavoni, Specchiarica, Chidro – alla quale si aggiungono quelli delle aree di retrobattigia del Bacino del Mar Piccolo di Taranto – Cimino-Raho, Pizzone-Villa Pepe, Casa d'Ayala, Canale d'Aiedda, Masseria Era, Masseria Melia, Masseria Sant'Andrea, Montedoro – rappresenta un primo impulso della diffusione della fase arcaica, come attesta la documentazione costituita da frammenti di ceramica impressa ad impasto grossolano e di notevole spessore[83].

La stessa area sud-orientale, con una certa dilatazione verso i siti dell'entroterra, documenta anche lo sviluppo di una *facies* tecnologicamente e stilisticamente evoluta di ceramiche impresse. Ancora, la diffusione delle diverse *facies* delle ceramiche impresse di tipo evoluto (facies Guadone - Rendina II) interessa un ampio areale dell'Italia sud-orientale, dal Molise (Monte Maulo) all'Abruzzo meridionale (Marcianese), fino alle Murge baresi, al Salento e alla Calabria settentrionale ionica (Sibaritide) e verso ovest fino alla Campania occidentale (La Starza di Ariano Irpino). Anche in questi complessi, come in quelli della fase arcaica, si distinguono due classi su base tecnologica: quella grossolana e quella fine[84].

In questo orizzonte evoluto delle impresse, gli elementi di differenziazione stilistica interterritoriali sono molto più evidenti e diverranno veri e propri *markers* di grandi areali culturali e geografici nella terza fase del Neolitico Antico del Sud-Est – fase recente –, con lo sviluppo delle prime ceramiche dipinte (Lagnano, Masseria La Quercia) e graffite (Matera-Ostuni).

Complessivamente omogeneo risulta il contesto ceramico del Neolitico Antico evoluto relativo alla decorazione impressa, con buona presenza

---

[80] Agli inizi degli anni Ottanta si è costituito un gruppo di ricerca, coordinato da J. Guilaine e G. Cremonesi, incentrato sullo scavo sistematico degli insediamenti di Torre Sabea e di Trasano, cfr. CREMONESI, GUILAINE 1987. Per la rilevanza delle linee di sviluppo della ceramica impressa, è stato impostato uno studio dettagliato della produzione vascolare e, in particolare, proprio delle tecniche decorative. L'impostazione di una tipologia analitica aperta ha permesso l'estensione di tale schema anche ad altri siti, oltre i noti insediamenti di Torre Sabea e di Trasano, ai fini di poter più adeguatamente confrontare diversi complessi archeologici coevi: «In un lasso di tempo molto breve, un secolo o poco più, si verifica una frattura netta con le precedenti culture mesolitiche, perché fin dagli inizi sono presenti tutti i caratteri essenziali della civiltà neolitica: insediamenti ampi e complessi, generalmente forniti di fossati di recinzione e di fossati a C, una economia produttiva basata sulla coltivazione dei cereali e delle leguminose, sull'allevamento di ovini e bovini…ampio uso di contenitori ceramici, di macine e macinelli, di strumenti in pietra levigata e di falcetti per cereali», cfr. GRIFONI CREMONESI, TOZZI 1996, pp. 447-448.

[81] È stato osservato che dalle analisi tipo-morfologiche ed ornamentali delle ceramiche «…emergono alcuni dati che in parte modificano e in parte aiutano a meglio precisare e definire in dettaglio le connotazioni riconosciute in precedenza riguardo le grandi aree di diffusione della ceramica impressa. In quella meridionale un carattere spiccatissimo è la forte percentuale della ceramica ornata rispetto a quella liscia, un rapporto che viene ad essere quasi invertito sul medio versante adriatico», cfr. RADI, VEROLA 1996, p. 260.

[82] Si tratta di motivi che per quanto riguarda l'areale apulo si ritrovano ampiamente diffusi sia nel territorio ionico-salentino, che nel Tavoliere foggiano, cfr. CREMONESI 1979, p. 96, nn. 1-4; TOZZI 1984a, tav. XLII.

[83] Si veda B. Fedele 1972; 1992. In particolare stringenti confronti, per i motivi impressi e incisi, sono evidenti con l'area mediterranea vicino orientale, con Magoulitsa, in Tessaglia, cfr. ZERVOS 1962, p. 198, fig. 170.

[84] Uno schema delle tipologie formali delle ceramiche impresse della fase evoluta dell'Italia sud-orientale, classe fine e grossolana, è stato proposto in un recente contributo da V. Tiné (2002 pp. 141-142).

della cardiale, alle fasi Rendina (periodo III) e a quelle con fasce di colore dello stile Masseria La Quercia-Lagnano[85]. Per gli stili di Masseria La Quercia e di Lagnano da Piede è stata posta in evidenza una serie di confronti con la *pattern burnished ware* dei livelli Va e IVc di Ugarit (fine VI - inizi V millennio a.C.), ricollegabile alle ceramiche di Hassuna e delle più antiche fasi di Tell Halaf. Influssi culturali mesopotamici attraverso i siti costieri (Ugarit e Mersin) e insulari (Philia nell'isola di Cipro) avrebbero raggiunto l'area egea continentale (cultura di Cheronea nella Grecia centro-orientale, ceramica decorata con tecnica *Urfirnis* nel Peloponneso) e l'Italia sud-orientale. Confronti dettagliati sia a livello morfologico che decorativo si possono stabilire con le più antiche ceramiche di Tell Hassuna e di Tell Matarrah che presentano forme, in particolare ciotole, e motivi decorativi, quali bande orizzontali o triangoli campiti a reticolo e fasci di linee formanti *chévrons*, eseguiti anche sulla superficie interna[86].

Riscontri tipo-morfologici ed ornamentali tra i materiali ceramici del comprensorio ionico-tarantino, e in generale della regione apulo-lucana, e la produzione transadriatica sono emersi da una lettura comparativa della documentazione archeologica.

Presso l'insediamento di Punta Rondinella (Taranto)[87], i reperti fittili ritrovati appartengono alla classe della ceramica dipinta a bande rosse o brune non marginate. L'argilla è di tipo figulino, molto depurata, compatta ed omogenea, con decorazione a bande rosse o brune non marginate, a linee rosse o brune più o meno larghe. Fasce di colore rosso mattone rimandano al motivo presente su reperti provenienti dalla Scaloria Bassa e dalla stazione di Castellaro Vecchio a Lipari. La linea a tremolo è conosciuta anche alla Caverna dell'Erba (Avetrana, Taranto), a Monte Aquilone (Manfredonia, Foggia) e a Cakrani (Albania). Linee a raggiera di colore bruno trovano riscontro su un vasto territorio dal Foggiano (Canne, Monte Aquilone, Scaloria), al Salento (Grotta della Trinità), alla Calabria (Grotta di S. Angelo III). Un secondo gruppo di

frammenti presenta un arricchimento cromatico: appaiono bande rosse marginate. Il motivo a fiamme rosse marginate di nero trova affinità su base ornamentale in esemplari provenienti dalla Grotta Funeraria (Matera) e da Molfetta[88].

In Puglia centrale, presso la Grotta della Tartaruga di Lama Giotta (Torre a Mare, Bari) sono state ritrovate ceramiche a fasce rosse semplici in associazione a tricromiche. È stato osservato che mentre per le fasce rosse semplici è possibile trovare riscontri reali nei siti di Madonna delle Grazie 1 (Rutigliano, Bari)[89] e Scamuso (Torre a Mare, Bari)[90], più difficile diventa la comparazione per quel che riguarda le ceramiche tricromiche, in generale ignote nel Sud-Est barese, scarsamente attestate nel Brindisino e meglio conosciute nel Salento meridionale[91].

Nel Tarantino, le ceramiche impresse provenienti da Cimino si ricollegano soprattutto a quelle della *facies* Guadone-Rendina II, presente anche nel Materano a Trasano II e a Serra dei Canonici[92]. Da Cimino-Raho provengono i frammenti in ceramica bicromica a fasce rosse largamente diffusa in area apulo-materana (Grotta S. Angelo di Ostuni, Leporano, Fragagnano, grotte S. Martino e dell'Erba di Avetrana, Setteponti). È documentata inoltre ceramica impressa, incisa, a fasce di colore del tipo Masseria La Quercia; ceramica graffita profonda dei tipi Rendina II, III[93].

Altrettanto buona distribuzione ha la produzione delle ceramiche graffite che richiama tipologie affini alla fase di Rendina II, quale comune aspetto distributivo nell'arco territoriale del Golfo di Taranto[94]. Presso il villaggio neolitico di La Croce (Taranto), ai margini del costone roccioso, è stato messo in evidenza un fossato il cui riempimento conserva reperti vascolari del VI-V millennio a.C. con decorazione graffita ed impressa[95], che trova riscontri anche nel Brindisino, presso la Grotta

[85] CIPOLLONI 2002b, p. 672; GORGOGLIONE 1988; 1996.
[86] MALLORY 1984-1987.
[87] GORGOGLIONE 1994b.

[88] ACCOGLI 1981.
[89] DAMATO 1994, p. 90, fig. 67.
[90] COPPOLA 1997, p. 95, tav. VIII.
[91] COPPOLA, RADINA 1985.
[92] CIPOLLONI 2002b, p. 671; DE JULIIS 1985; NATALI, TINÉ S. 2002, pp. 574-575; NAVA 2002, pp. 679-680.
[93] BIANCO 2002, p. 689; GORGOGLIONE 2002, p. 779.
[94] GORGOGLIONE 1995c; 1996; MALLORY 1984-1987.
[95] GORGOGLIONE 1989.

S. Angelo di Ostuni[96]. Nel villaggio neolitico di Masseria Era (Montemesola, Taranto)[97], sorto su un pianoro prospiciente il Mar Piccolo di Taranto, intorno a m 90 sul livello del mare, sono stati ritrovati grossi contenitori a ceramica impressa dal diametro di oltre cm 60, dallo spessore delle pareti di cm 2-3. I repertori decorativi delle ceramiche con le caratteristiche graffite, dipinte ed impresse rimandano al V millennio a.C. È documentata ceramica cardiale, dipinta del tipo Masseria La Quercia, graffita profonda a tremolo. Presso la località Le Conche (Lizzano, Taranto), sulla costa sud-orientale tarantina, la ceramica impressa è rappresentata da una minima percentuale costituita da frammenti in impasto poco depurato. Si tratta di motivi ornamentali a decorazione impressa, graffita e incisa (Figg. 22-23). Nelle ceramiche impresse, la tematica ornamentale segue una sintassi costituita da motivi reiterati e realizzati con strumenti diversi o con l'utilizzo variato degli stessi strumenti come punteruoli, stecche o elementi di dialisi di ossa lunghe oppure eseguiti a unghiate e pizzicate. Nelle ceramiche incise e graffite la base tematica parte dalle linee incrociatesi che predominano in tutti gli schemi decorativi[98]. Parallelismi sono stati instaurati anche con l'areale apulo settentrionale, dove le ceramiche rinvenute nel sito di Brancalanza (S. Ferdinando di Puglia, Foggia)[99] coprono quasi per intero l'arco cronologico di sviluppo delle fasi iniziali e medie del Neolitico. Si tratta di frammenti in impasto grossolano, con decorazione impressa a motivi molto vari tendenti ad occupare l'intera superficie dei vasi; particolarmente frequenti risultano i motivi a unghiate, a *rockers* cardiale

o liscio. La ceramica fine presenta motivi decorativi graffiti a tremolo e incisi a linee verticali parallele, che si intersecano a formare motivi romboidali; quella dipinta comprende motivi a bande parallele oblique e orizzontali di colore bruno[100].
Anche la ceramica impressa, dall'insediamento neolitico in località Ripa Tetta (Lucera, Foggia)[101], a superficie bruno-marrone o grigiastra, con forme tra cui predominano grandi dolii, vasi ovoidi su basso piede a tacco, vasi a fiasco, larghe ciotole emisferiche sembra richiamare a livello morfologico e ornamentale la produzione del comprensorio ionico-tarantino. Gli ornati caratteristici comprendono motivi ad unghiate variamente disposte, incisioni oblique parallele e convergenti, motivi a tremolo. I motivi decorativi della ceramica dipinta sono costituiti da larghe fasce in rosso-bruno che formano *chévrons*, fasci di linee oblique parallele disposte a bande convergenti e divergenti, oltre a bande orizzontali ed oblique[102]. È stata inoltre rilevata una maggiore presenza della ceramica semifine rispetto alla grossolana con motivi a *rockers* e a *microrockers* e decorazione dipinta e a doppia tecnica, dipinta e impressa[103]. Affinità sono state riscontrate, per i livelli inferiori, con il Guadone e con la fase finale di Rendina I e, per quelli superiori, con il complesso di Rendina II e III[104].
Va aggiunto che il momento di maggiore investimento agricolo, tra la fine del V e la prima metà del IV millennio a.C., è caratterizzato da un rinnovato e più consistente impulso evolutivo degli aspetti culturali, con particolare riferimento alle ceramiche figuline

---

[96] COPPOLA 1980; 1983; 2002.
[97] GORGOGLIONE 1992. Riscontri morfo-strutturali ed ornamentali si ritrovano nella produzione ceramica impressa e graffita dell'area ionico-salentina, a Samari; cfr. ORLANDO 1996b, tavv. 46-48; ID. 2002, pp. 644-646. Per il Basso Tavoliere si rimanda ai siti di Masseria Cerina e Titolo del Lupo, cfr. TUNZI SISTO 1996, tav. 40.a-b.
[98] Per una completa documentazione relativa alle tipologie ceramiche e alla diffusione dei motivi decorativi sulle ceramiche impresse, incise e graffite di Le Conche si rimanda a B. Fedele (1988). Inoltre, una ricca documentazione derivata da ricognizioni a sud-est di Taranto si ritrova in B. Fedele (1972).
[99] Si tratta di noti motivi decorativi di ampia diffusione, cfr. MUNTONI 2002a, p. 46, fig. 4; p. 48, fig. 6.

[100] TUNZI SISTO 1992.
[101] TOZZI 1984a, tav. XLII.
[102] COSTANTINI, TOZZI 1987; TOZZI, VEROLA 1990.
[103] Anche la decorazione subisce un'evoluzione significativa. È stato osservato che la ceramica impressa decresce dalla base alla sommità del deposito in seguito alla diminuzione della decorazione coprente e allo sviluppo di quella con motivi organizzati, caratteristici della ceramica semifine. La decorazione dipinta aumenta sensibilmente alla sommità del deposito. I motivi decorativi sono distribuiti in modo disordinato oppure organizzati in elementi paralleli, in file, in fasci, in *chévrons*, in *rockers* e *microrockers*. Per le tipologie formali ed ornamentali delle ceramiche v. TOZZI 2002, pp. 582-584.
[104] TOZZI 1984a; 1984b.

dipinte a bande, che presentano spesso superfici ingobbiate molto chiare. Questo tipo di ceramica è ben documentato nell'insediamento di S. Domenico, negli insediamenti del sud-est costero tarantino – Capanna Longo (Leporano), Le Conche (Lizzano), Grotta dell'Erba (Avetrana), nell'area subcostiera, Cimino-Raho (Taranto), Masseria S. Paolo (S. Giorgio Ionico), S. Sofia (Fragagnano) – e, nell'entroterra, nel versante centro-settentrionale e nord-orientale, Montedoro e Monte della Foggia (Grottaglie), Grotta del Ciclope (Massafra)[105].

Ancora, ceramiche a bande rosse risultano largamente distribuite in una serie di insediamenti del vasto areale ionico: Capanna Longo di Leporano, S. Sofia di Fragagnano, Cimino, Lido di Gandoli, Monte della Foggia a Grottaglie, Grotta del Ciclope a Massafra, Masseria S. Paolo di S. Giorgio Ionico, Caverna dell'Erba di Avetrana fino al comprensorio salentino, Grotte del Cavallo ad Uluzzo e delle Veneri a Parabita[106].

Sempre nell'ambito della produzione ceramica, alcune osservazioni sono derivate da una significativa presenza, concentrata in particolare nell'areale apulo-lucano, di protomi antropomorfe su orlo di vasi e di varie raffigurazioni schematiche relative a figure umane[107]. Si tratta di prime forme di artigianato ceramico, certamente non finalizzato ad uso domestico, che rimandano alle più imponenti produzioni balcaniche e centro-europee. Sono chiaramente visibili influssi culturali e spirituali del Neolitico balcanico, sebbene non sia possibile una identificazione con specifici aspetti culturali del territorio di diffusione. La ricorrenza di motivi e temi decorativi ed "iconografici" sembrerebbe implicare la condivisione di elementi estetico-ornamentali alla base di una comunicazione simbolica tra gruppi e unità sociali, forma ed espressione di identità, appartenenza e coesione culturale, veicolo di trasmissione di un sistema di comunicazione simbolico. Se queste raffigurazioni nei contesti locali risultano singole attestazioni, in relazione alla funzionalità degli stessi contesti cultuali di riferimento, nei siti balcanici e centro-europei la plastica antropomorfa neolitica rivela una vasta diffusione all'interno degli abitati, fino a generalizzare la funzione ed il significato degli oggetti stessi, in probabile connessione con comportamenti rituali individuali e collettivi. Gli aspetti ideologici delle comunità agricole neolitiche si colgono in tale produzione artigianale ceramica, anche in motivi apparentemente indecifrabili come l'immagine schematizzata del volto umano applicato sotto l'orlo dei contenitori ceramici. Si tratta quasi certamente di un simbolo con connotazione propiziatoria, che traduce in termini figurativi, secondo l'immaginario collettivo delle comunità agricole, la valenza dell'elemento tellurico.

Nel corso degli ultimi decenni i dati sulle prime manifestazioni culturali si sono notevolmente accresciuti, tanto da permettere di definire meglio le trasformazioni tecnologiche, socio-culturali, ideologiche. È noto peraltro molto poco su quali possano essere stati i rapporti effettivi tra i vari elementi che compongono un contesto a possibile valenza rituale. È stata inoltre rilevata la mancanza documentativa di spazi abitativi dedicati a funzioni particolari e, purtroppo, non si dispone di dati relativi ai rapporti reciproci tra singoli oggetti e strutture.

È stata più volte discussa la possibilità che il simbolo possieda un legame "naturale" con ciò che simbolizza, come anche è stato contestato il suo senso puramente convenzionale poiché il relativo significato socialmente riconosciuto deriva da una tradizione culturale[108].

Il ruolo del simbolo all'interno dei processi di cambiamento implica un approccio cognitivo-processuale, relativo cioè alla valenza del simbolo stesso all'interno dei processi di cambiamento. Il simbolo ha una base visibile, un aspetto identificabile, mentre il significato è

---

[105] Confronti significativi per il motivo a bande sono evidenti nella documentazione proveniente dai siti di Specchione A (MARTINELLI 1983, tav. XXVIII.10-16), di Grotta del Guardiano alla Ripagnola (BIDDITTU, SEGRE NALDINI 1987, p. 199, nn. 10, 14-15, 17), di Mezzana Comunale, di Posta Piana.

[106] CREMONESI 1979.

[107] AFFUSO, LORUSSO 2008.

[108] Il sacro diviene espressione simbolica di un corpo sociale; atti ed oggetti sono simboli, la cui funzione è di mediazione nei rapporti tra gli uomini e la realtà trascendente.

la parte invisibile e sconosciuta, il contenuto ermeneutico. Il totemismo diventa dunque una forma cultuale universale e primitiva: i simboli, allo stesso modo dei miti, delle credenze e delle religioni, costituiscono il punto di riferimento, il momento di coesione di una collettività – comunità neolitica nel caso in esame – che in essi si riconosce. I simboli dominanti di un sistema o di un gruppo culturale risultano dunque caratterizzati da polivocità e capacità di unificare segni diversi. Lo stesso senso del divino è percepito più come una potenza che come un'idea; è dunque in relazione con alcuni elementi dell'inconscio. Studi recenti hanno posto in evidenza come il simbolo abbia contribuito a generare un cambiamento quale la comparsa dell'economia agricola[109]. Va infatti sottolineato che l'accezione ampia di simbolo fa assumere un carattere simbolico non soltanto al linguaggio e alle raffigurazioni dell'arte, ma a molte manifestazioni del comportamento umano. Vengono così arricchiti di significato aspetti della cultura materiale come la tecnologia strumentale, l'organizzazione del territorio e della società, l'economia di sussistenza su un piano bio-sociale, che supera le finalità del simbolismo funzionale[110].

Con la progressiva diffusione e affermazione delle comunità neolitiche basate su un tipo di economia sedentaria, l'immagine antropomorfa assume un ruolo rilevante le cui ripercussioni saranno evidenti in ambito cultuale ed ideologico[111]. Non a caso Jacques Cauvin pone

la simbologia cultuale e religiosa e il mutamento psichico dell'uomo sedentarizzato alla base di una rivoluzione[112].

Tali lineamenti ideologico-cultuali si possono cogliere anche nell'area ionico-tarantina da cui provengono alcuni frammenti ceramici – noti da tempo e solo di recente oggetto di una sistematica classificazione e di una lettura critica[113] – con motivi plastici e protomi antropomorfe che, in base ad evidenti affinità tipo-morfologiche e stilistiche, si inseriscono in una vasta rete di scambi e di circolazione di manufatti, idee e modelli culturali[114].

Per il motivo con "volto indeterminato" si riporta il frammento proveniente da Cimino[115] con listello raffigurante il naso, da cui si sviluppano due listelli obliqui, e occhi circolari a rilievo (Fig. 38), che trova confronti nel frammento di Monte Aquilone, dalla capanna W [116], con banda rossa verticale dipinta su orlo appiattito di recipiente ovoide di grandi dimensioni, in impasto compatto, con occhi a lunghe incisioni appena oblique e naso emergente. Ancora, va ricordato il frammento di Terragne (Manduria, Taranto)[117], che presenta un motivo antropomorfo sotto l'orlo di dolio in impasto depurato con occhi difformi,

---

[109] ELIADE 2004; FACCHINI 2002.
[110] Osserva a tal riguardo F. Facchini (1998, p. 654) che: «Anche i prodotti della tecnica sono rivelatori della capacità astrattiva dell'uomo che pensa allo strumento che vuole ottenere e quindi lo rappresenta idealmente e fa assumere allo strumento fabbricato un significato nell'ambito di un sistema di relazioni con la realtà fisica e con l'ambiente umano, senza esaurirsi nella specifica funzione a cui è primariamente destinato...Il rapporto con il territorio, mediante la delimitazione e l'organizzazione degli spazi, oltre a rispondere a un progetto, fa assumere al luogo abitato molteplici significati, non soltanto di protezione, ma anche sociali. In questi casi si può parlare di simbolismo funzionale, perché l'artefatto assume un significato nella sua obiettività e rinvia a un'idea...La tecnica viene ad assumere un valore simbolico, perché si sviluppa nell'immaginario dell'uomo».
[111] L'umanizzazione del divino nella forma artistica risulta il più sicuro indicatore e al contempo l'emblema di tutto un sistema ideologico-religioso. Nelle culture neolitiche del Vicino e Medio Oriente predominano due

simboli chiave di cui uno maschile zoomorfo e l'altro femminile antropomorfo. Quest'ultimo non è più soltanto un simbolo di fecondità, di prosperità ma rievoca un vero personaggio mitico inteso come essere supremo e Madre universale, cfr. SPINETO 2002.
[112] Recenti ricerche hanno mostrato che il sistema a due personaggi ha cominciato a diffondersi nel Vicino Oriente, intorno al 9500 a.C., presso gli ultimi cacciatori-raccoglitori del Khiamiano del Levante, epoca in cui è probabile che abbiano avuto luogo le fasi incipienti di sperimentazione dei cereali selvatici. Presso le popolazioni del PPNB, il toro assume una forte valenza simbolica nell'immaginario collettivo: l'immagine del toro selvaggio rappresenta una forza istintiva e violenta che affonda le sue radici nella tradizione culturale dell'Alta Mesopotamia, si veda CAUVIN 1997.
[113] Per un dettagliato studio relativo sia agli elementi tipologici che agli aspetti e ai problemi interpretativi del linguaggio simbolico si fa riferimento a un recente lavoro di D. Coppola (2001).
[114] COCCHI GENICK 2006, p. 558; INGRAVALLO, TIBERI 2006; RADINA 2006.
[115] COPPOLA 1981b: 88; GORGOGLIONE 1986b: 102; FEDELE 1992, fig. 48.
[116] MANFREDINI 1972, fig. 37; COPPOLA 2001, fig. 18.12.
[117] GORGOGLIONE et al. 1995, fig. 3.6; COPPOLA 2001, fig. 18.15.

bocca delineata da un'impressione profonda, pittura in rosso sulla superficie interna.

Una serie di frammenti ceramici presenta protomi antropomorfe con "volto" e motivi decorativi simmetrici. Si tratta del noto frammento da Terragne[118], con protome sotto collo di vaso a fiasco in argilla depurata rosata a superfici marrone-rossastre e graffito caratterizzante gli occhi mediante cerchi e gruppi simmetrici di tre segmenti obliqui partenti dal naso, che trova confronti nell'esemplare proveniente dal villaggio del Guadone[119], con volto su frammento di orlo, occhi indicati da due forellini, bocca da una tacca orizzontale e coppie orizzontali di segmenti a tremolo ai lati del viso e nel frammento da Murgia Timone[120], con protome antropomorfa su collo di vaso a fiasco compresa tra due triangoli pendenti graffiti a tratteggio lineare interno e larga fascia sottostante con fitto tratteggio verticale.

Motivi antropomorfi che presentano "volto" con schemi ripetuti provengono da Capanna Longo (Leporano) e da Grotta delle Veneri. La protome proveniente da Capanna Longo[121] costituisce un motivo antropomorfo alquanto singolare con volto sotto l'orlo, bocca intermedia ed occhi circolari incavati, compresi in una fascia orizzontale di rombi graffiti a graticcio (Fig. 39). Al di sotto vi è un rettangolo da cui si sviluppano obliquamente bande contrapposte di piccoli rettangoli e bande di triangoli, a graticcio interno, che rappresentano un'articolata schematizzazione antropomorfa.

Confronti sono evidenti con l'esemplare da Grotta delle Veneri[122], che presenta il volto sotto l'orlo piatto di un frammento in impasto giallo con occhi circolari e bocca impressi; dai lati della bocca partono fasce angolari con linee incise, mentre sotto si sviluppa una fascia verticale con tacche fitte interne contornata da apici di triangoli a linee oblique incise. Anche un secondo motivo antropomorfo[123] riporta il volto sotto l'orlo piatto di un frammento in

impasto rosato con occhi circolari ottenuti da punzonature e bocca da una profonda incisione orizzontale. Dal margine inferiore centrale del mento si sviluppano linee verticali, oblique ai lati del mento, mentre il volto è contornato sui due lati da fasce simili verticali che partono dall'orlo e si interrompono sulle fasce oblique.

Linee incise presentano i frammenti di Montedoro, per la bocca (Fig. 40), e di Monte Aquilone, per gli occhi, che rimandano, con le dovute differenze tipo-morfologiche, strutturali e ornamentali alla protome antropomorfa su parete di vaso in argilla depurata proveniente dal complesso carsico di S. Croce (Bisceglie)[124].

Tra i motivi antropomorfi con volto a rilievo plastico si riporta la protome da Torre Borraca (Lizzano, Taranto) (Fig. 41), che trova concreti riscontri negli esemplari da Pozzo delle Capre[125] con volto sotto l'orlo, occhi resi da due fori tondi e bocca aperta con caratterizzazione delle labbra, e la protome da Masseria La Quercia[126] con volto a rilievo plastico schematizzato con occhi circolari, bocca leggermente aperta ed accenno di mento.

2.3. Industria litica

Lo studio dei complessi litici degli insediamenti del Neolitico Antico dell'area ionico-tarantina, in cui sono state condotte sistematiche indagini stratigrafiche ha contribuito a documentare la reale importanza storico-culturale ed economica dei siti in esame e a ricostruirne le diverse fasi di antropizzazione.

Il quadro delle conoscenze sull'industria litica è stato potenziato da ricerche e studi condotti a Montedoro[127]. In particolare, l'analisi del complesso litico dell'insediamento di Montedoro ha fornito ulteriori dati sulla realtà culturale ed economica del villaggio del Neolitico Antico[128]. In tutti i settori dello scavo

[118] GORGOGLIONE *et al.* 1995, fig. 11.5; COPPOLA 2001, fig. 13.25.
[119] TINÉ S., BERNABÒ BREA 1980, figg. 8.f; 11.a; COPPOLA 2001, fig. 18.16.
[120] LO PORTO 1978, fig. 8; COPPOLA 2001, fig. 18.21.
[121] CREMONESI 1979, fig. 232; COPPOLA 2001, fig. 19.5.
[122] VENTURA 1997, 202.4; COPPOLA 2001, fig. 19.3.
[123] VENTURA 1997, 220.53; COPPOLA 2001, fig. 19.4.

[124] FIORENTINO *et al.* 2000, p. 397, fig. 8.b.
[125] RUSSI 1967; GENIOLA 1979, fig. 122; COPPOLA 2001, fig. 19.14.
[126] JONES 1987, fig. 94.c; COPPOLA 2001, fig. 19.15.
[127] LORUSSO 2006.
[128] I confronti sembrano interessare il vasto areale apulo-lucano; emergono dalla documentazione di alcuni siti del

è stato possibile accertare che l'orizzonte culturale del Neolitico Antico è ben rappresentato dai materiali litici in pietra levigata e in selce scheggiata, associati a resti di fauna domestica e selvatica e malacofauna terrestre e marina.

Anche nel caso dell'insediamento di Montedoro, nonostante l'economia risulti già prettamente neolitica con sviluppo dell'agricoltura e dell'allevamento – tra i cereali compaiono *Triticum dicoccum* e *monococcum*, mentre tra la fauna dominano le specie domestiche, soprattutto caprovini –, l'elemento più emblematico rimane l'industria litica in cui ad una componente neolitica costituita da macine, macinelli, lisciatoi, elementi di falcetto e lame si associa una componente di tradizione mesolitica[129].

Studiata secondo la tipologia analitica di Laplace[130], l'industria litica è composta in prevalenza da strumenti microlitici, frammenti di lame e lamette, schegge ritoccate e alcuni grattatoi e raschiatoi in selce bionda e scura[131]. La maggior parte dei pezzi è frammentaria e

rappresenta circa il 90% tra strumenti e manufatti non ritoccati. La materia prima utilizzata è costituita da piccoli ciottoli di selce locale, mentre l'ossidiana di provenienza lipariota è presente con pochissimi frammenti (Figg. 42-43).

Le analisi tipologiche e tipometriche effettuate sulla strumentazione ergologica e le osservazioni macroscopiche e microscopiche sulle relative tracce d'uso hanno fornito indicazioni crono-culturali utili all'individuazione di differenti fasi di frequentazione e antropizzazione tra la fine del VI e il V millennio a.C. Si tratta certamente di un momento in cui avvengono cruciali trasformazioni sul piano delle strategie di sussistenza così come sul piano dell'articolazione socio-economica in generale. Alcuni elementi come l'industria litica con aspetti mesolitici molto tardi caratterizzata dalla sostanziale assenza di triangoli, sviluppo delle troncature e delle lame a dorso, incidenza dei trapezi, e i resti osteologici di fauna – bove di dimensioni ridotte – si traducono in peculiari indicatori della transizione mesolitico-neolitica. Sono aspetti che certamente riconducono ad un eterogeneo modello di sviluppo economico-culturale attestato dalla presenza di gruppi di cacciatori con forme incipienti di domesticazione del bove e di gruppi ad economia produttiva, in progressiva ibridazione ed interazione.

La varietà dei complessi litici della fase di transizione pleisto-olocenica riscontrata nelle regioni meridionali peninsulari richiede oggi una revisione anche a livello terminologico[132]. Pur riconoscendo che il processo di neolitizzazione abbia comportato variazioni e innovazioni nella litotecnica, allo stato attuale è possibile cogliere alcuni aspetti tipologici che rimandano a substrati preneolitici; si tratta, cioè, di una trasmissione di moduli tipologici standardizzati che emergono in contesti culturali a ceramica.

In Italia meridionale, è noto, i complessi litici olocenici preneolitici non si presentano uniformi ma distinti in tre filoni differenziati,

---

Materano, quali Grotta dell'Istrice, Grotta del Monaco, Grotta Bracco, cfr. LO PORTO 1998, pp. 307, 325, 332; del Tarantino, in particolare Le Conche, cfr. FEDELE 1988, pp. 34-35, figg. 10-11; ID. 1972, p. 142, fig. VII.a-e,h; p. 146, fig. IX; del Brindisino, Torre Canne, cfr. COPPOLA 1981a, p. 270, fig. 6.1-12; del Barese, Grotta della Tartaruga di Lama Giotta, Torre a Mare, cfr. COPPOLA, RADINA 1985, tav. LXXVI. Soprattutto in relazione all'industria microlitica i confronti vanno estesi alle aree del Vicino Oriente mediterraneo, ai siti di Belt, Cafer, Hallan Çemi, Nevali Çori, Mallaha, Mureybet, Ramat Harif (AURENCHE, KOZLOWSKI 1999, p. 203, nn. 1-16; p. 197, nn. 1-19), alla Tessaglia (THEOCHARIS 1973, p. 301, tav. XXII.a-e).

[129] Si tratta di una situazione diffusa nelle regioni dell'Italia sud-orientale; si veda a tal proposito la documentazione relativa al Basso Tavoliere, ai siti di Vasche Napoletane, Sospiro, S. Maria di Loreto, S. Maria di Ripalta (LANGELLA 1996, tavv. 71-74); al Brindisino, insediamento di S. Anna di Oria (INGRAVALLO 1995, p. 165, fig. 3); ai contesti calabro-lucani e siciliani, in particolare si fa riferimento ai siti di Lago del Rendina, sito 3 (RONCHITELLI 1996, tav. 77), di Montalbano Jonico, Loc. Cetrangolo (BIANCO 1983, tav. X), di Favella (STARNINI, VOYTEK 1996, tav. 79.a; V. TINÉ *et al.* 2000, p. 485, fig. 7; NATALI, TINÉ V. 2002, p. 717), di Piano di Milio, di Prestarona, di Grotta dell'Uzzo (MARINO 1996, tav. 83.a-b).
[130] LAPLACE 1964.
[131] Parte della documentazione è stata di recente esaminata da P. Lorusso (2006).

---

[132] Per osservazioni più dettagliate sugli aspetti metodologici e sull'interpretazione funzionale dei complessi del Neolitico antico si rimanda ad un recente contributo di L. Longo e C.L.Isotta (2007, pp. 103-112).

ognuno caratterizzato da peculiarità stilistico-strutturali (complessi romanelliani; *facies* ad armature - Sauveterriano e Castelnoviano; Epipaleolitico indifferenziato), che sembrano avere un'origine comune nei locali substrati epigravettiani del Tardoglaciale[133].

Appare ancora di difficile definizione il ruolo dei gruppi mesolitici nella formazione dei primi aspetti neolitici. La presenza di geometrici trapezoidali di tipo mesolitico in industrie neolitiche testimonierebbe l'esistenza di contatti tra i due substrati ed il probabile verificarsi di processi di acculturazione[134].

Anche per quanto riguarda le regioni transadriatiche, i gruppi mesolitici risultano di difficile inquadramento; recenti ricerche nel territorio dell'attuale Ungheria hanno permesso di evidenziare la presenza di accampamenti nello Jàszsàg riferibili al Boreale, alle fasi del Mesolitico antico, mentre mancano dati inconfutabili circa la presenza di gruppi riferibili al Mesolitico recente[135]. È proprio per quanto riguarda il Mesolitico che si incontrano anche nelle regioni dell'Italia centro-meridionale le maggiori difficoltà, dovute sia alla scarsa documentazione che ad una situazione assai complessa in cui risultano vari gradi di neolitizzazione relativi a tempi e modi diversi con cui questo processo ha investito le diverse aree.

Tra gli elementi riconducibili al Castelnoviano risulta una componente a trapezi e a lame con incavi proveniente dalla grotta n. 3 di Latronico, in Basilicata, e da Torre Sabea, nel Salento[136]; mentre elementi genericamente di foggia castelnoviana compaiono anche nei tagli 22-24 di Grotta della Continenza e a Fontanelle, nel Brindisino[137]. La scarsa presenza del Castelnoviano in tutto il Centro-Sud pone il problema delle industrie del più antico Neolitico, nelle quali la tradizione mesolitica è assai evidente in territori dove però spesso il Neolitico si sovrappone stratigraficamente al

Sauveterriano e non si conoscono elementi tardo mesolitici[138].

Maggiori difficoltà presenta, invece, l'individuazione nella litotecnica del primo Neolitico di un'eventuale influenza dell'Epipaleolitico indifferenziato[139]. Alcuni fattori fondamentali come la carenza e la rarità della componente litica dei complessi più antichi condizionano la ricostruzione di un quadro organico. Va anche considerato che la coesistenza in talune aree di aspetti preneolitici diversi abbia potuto comportare possibilità di ibridazione tra tradizioni industriali differenti, evidenti in una certa variabilità strutturale e stilistica nei primi complessi a ceramiche.

La varietà dei complessi litici preneolitici, rilevata nelle regioni meridionali peninsulari, induce ad una precisazione terminologica in quanto i complessi ad armature microlitiche ed ipermicrolitiche costituiscono solo uno degli aspetti della neolitizzazione. Pur ammettendo che il processo di neolitizzazione ed il suo affermarsi abbiano portato variazioni e innovazioni nella litotecnica, allo stato attuale è solo possibile cogliere alcuni aspetti tipologici che rimandano a substrati preneolitici[140].

Una serie di interessanti dati sulla produzione di industrie litiche con caratteri "mesolitici" in Puglia – Torre Sabea, Torre Canne, Fontanelle – e in Basilicata – Latronico, Trasano – emerge da contesti del Neolitico Antico talora già molto complessi per la presenza di strutture abitative,

---

[133] MARTINI 1996.
[134] MARTINELLI 1990.
[135] STARNINI 2000.
[136] RADI 2002a, pp. 656-657.
[137] COPPOLA 1996.

[138] Un esempio è costituito dall'insediamento di Torre Sabea (Gallipoli, Lecce) in cui, in un contesto pienamente neolitico, l'industria litica microlitica mostra una forte componente mesolitica con trapezi, strumenti a dorso e tecnica del microbulino, cfr. CREMONESI, GUILAINE 1987.
[139] In Italia meridionale, di recente acquisizione risulta l'individuazione e la definizione di una *facies* di esaurimento dell'Epigravettiano finale in età olocenica, caratterizzata soprattutto da una perdita della componente ad armature, dallo sviluppo della denticolazione, da una modesta laminarità.
[140] Osservazioni sui processi di neolitizzazione nel Mediterraneo occidentale fanno pensare che non ci sarebbe rottura culturale, sul piano archeologico, tra le ultime industrie epipaleolitiche e i primi strumenti neolitici. Presso il sito di Châteauneuf, in Francia, l'industria litica ritrovata nei complessi a ceramica cardiale deriva dai livelli mesolitici sottostanti, riferibili al Castelnoviano; allo stesso modo alla Cocina, nel Levante, perdura il substrato epipaleolitico, costituito da trapezi e segmenti di cerchio, nell'industria degli orizzonti a ceramica, cfr. GUILAINE 1975; 2000.

di ceramiche, di aspetti della produzione alimentare[141].

In Puglia, l'industria litica di Coppa Nevigata (Manfredonia, Foggia) sembra rappresentare fino ad oggi un caso isolato sia per il suo carattere microlitico, sia per le sue funzionalità specifiche legate alla raccolta dei molluschi[142]. Nel Tavoliere, un gruppo di siti alla foce del Candelaro è accomunato da uno specifico adattamento ad una situazione di tipo lagunare[143].

Nei comprensori brindisino e salentino, i siti di Torre Canne e Torre Sabea costituiscono due ulteriori situazioni costiere in cui un'industria di tradizione mesolitica si associa allo strumentario neolitico (lame, macine, macinelli) ed a ceramica impressa cardiale, anche di tipo evoluto. A Torre Sabea la tradizione mesolitica

documentata da trapezi, punte e lame a dorso, troncature, grattatoi circolari, microbulini può essere posta in relazione con una attività di caccia abbastanza ben rappresentata quanto alla varietà delle specie (capriolo, cervo, lontra, volpe)[144].

Nel comprensorio ionico-tarantino, presso il villaggio neolitico in contrada Cimino, esteso per circa tre chilometri ai margini di una vasta depressione paludosa, largamente documentata risulta la presenza dell'industria litica in associazione a ossa di animali domestici e conchiglie[145]. Alcuni rinvenimenti relativi all'industria litica emergono anche dalle ricognizioni effettuate nell'area a sud-est di Taranto – Morrone Nuovo, Pozzella, La Torretta, Fontana, Polignara, Le Conche, Librari, Palmintiello, Truglione, Masseria Cotugno, La Cirenaica, Casa Straccioni, Madonna d'Alto Mare, La Commenda, Contrada Bruno-Spirito Santo, Masseria Mirante, Masseria Marchese, Torre Borraca, S. Pietro, Casa Schiavoni, Chidro, Specchiarica[146]. Il riconoscimento della tradizione mesolitica nelle industrie litiche del Neolitico Antico presenta non poche difficoltà sul piano pratico e su quello metodologico a causa della conoscenza ancora molto ridotta delle industrie mesolitiche immediatamente antecedenti al Neolitico Antico dell'Italia meridionale, della complessità dei processi di acculturazione dei gruppi mesolitici locali[147]. Un altro problema

---

[141] È evidente che «A differenza di quanto avviene per le ceramiche, allo stato attuale non è possibile introdurre nell'ambito della corrente culturale della ceramica impressa una periodizzazione basata sull'evoluzione dell'industria litica. Solo lo sviluppo della laminarità...potrebbe essere l'indizio di un cambiamento litotecnico, che si affermerà compiutamente solo con il forte aumento della laminarità nelle industrie della corrente culturale della ceramica dipinta», cfr. GIAMPIETRI 1996, p. 329; COPPOLA, COSTANTINI 1987; MANFREDINI 1991b.

[142] Le osservazioni di A. Ronchitelli (1987) riprendono una serie di interpretazioni note in letteratura e relative alla funzionalità dell'industria litica altamente specializzata di Coppa Nevigata: «L'industria litica è un'industria ultraspecializzata. Parte dalla utilizzazione di lamelle staccate da piccoli nuclei; attraverso una riduzione progressiva del margine, si arriva alla creazione di puntine...Queste puntine dovevano essere immanicate e in un primo tempo sono apparse come una produzione strana, cioè troppo insistente tipologicamente, troppo esclusiva per far parte di un complesso a industria litica...non vi è dubbio che c'è una stretta relazione tra l'impiego delle punte microlitiche e la presenza di cardium». Per un quadro tipologico dell'industria litica di Coppa Nevigata, v. MANFREDINI 2002b, p. 593.

[143] Al di là del carattere frammentario della documentazione e della probabile varietà di situazioni, un punto fermo potrebbe essere rappresentato dal ruolo che quest'area sembra assumere nel contesto geografico mediterraneo: «Restando dunque nell'ambito del Tavoliere, dove recentemente si sono concentrate ricerche pluriennali e sistematiche, la lettura del territorio e della sua occupazione nel Neolitico Antico mostra un'ampia penetrazione di gruppi che, in alcuni casi, si presentano in piccoli agglomerati: sono questi ultimi che possono indicarci le modalità del processo di neolitizzazione dell'intera pianura, avvenuta forse attraverso aree-chiave», cfr. CASSANO, MANFREDINI 1990; 1996, p. 468.

[144] GRIFONI CREMONESI, TOZZI 1996.

[145] DE JULIIS 1985.

[146] FEDELE 1972, p. 142, fig. VII; p. 146, fig. IX; p. 153, fig. XIII; p. 165, fig. XIX; p. 175, fig. XXIV. Riscontri tipologici si ritrovano presso i siti di Lago del Rendina (Melfi, Potenza), cfr. RONCHITELLI 1996, tav. 77, e di Terragne (Manduria, Taranto), cfr. DI LERNIA 1995b, pp. 137-138; 147, 149; di Masseria Valente (CASSANO, MANFREDINI 1981, tav. XXV.4-6), di Ripa Tetta (TOZZI 1984a, tav. XLIV.1-7).

[147] In relazione alla tradizione mesolitica dovrebbero infatti essere riviste «...alcune proposizioni tradizionali, quali ad esempio il rapporto tra industrie microlitiche mesolitiche e strategie economiche fondate sulla caccia a piccoli animali e sfruttamento di molluschi; e industrie per così dire macrolitiche, con faune di dimensioni maggiori...Analogie stilistiche e morfologiche possono realmente essere retaggi conservatoristici, però non deve essere sottaciuta una buona dose di perplessità di fronte a conservatorismi che, sulla base delle datazioni radiometriche, risultano spesso di qualche millennio. In questo senso il termine tradizione mesolitica è ambiguo

corrisponde alla diffusa presenza di suoli poco spessi, scarsamente conservativi, nella maggior parte dei casi alterati dai lavori agricoli e dagli innumerevoli rimaneggiamenti dovuti ai fenomeni fisiogenetici e antropogenetici. Il problema della circolazione della materia prima è di certo prioritario per comprendere i processi di trasformazione delle industrie litiche, nei peculiari aspetti ergologici e tecnologici. Va anche notato che l'incremento dell'indice di laminarità, ampiamente diffuso nel Sud-Est italiano, sembra procedere parallelamente ad una maggiore circolazione di prodotti e suggerisce processi più ampi di trasformazione.

Il carattere di transizione sembra essere confermato dalle specificità dell'industria litica: la successione Mesolitico/Castelnoviano - Neolitico Antico non può essere così schematica e dovrebbe lasciare il posto a soluzioni ben più articolate[148].

Il sito di Terragne si discosta dai siti neolitici della Puglia centro-settentrionale per alcuni aspetti quali l'elevata incidenza di trapezi, l'affermazione delle lame a dorso, la scarsa presenza di bulini, la forte componente dei grattatoi, molto corti, circolari o subcircolari, con caratteri tipologici arcaici[149]. Ben si rapporta invece a siti più vicini dell'area ionico-salentina: a Torre Sabea sono presenti alcuni caratteri dell'industria molto simili come

trapezi, dorsi, grattatoi corti e impiego della tecnica del microbulino[150].

I complessi litici permettono di distinguere una diversa frequentazione nell'arco di tempo che va dalla fine del VI al V millennio a.C. Si tratta certamente di un momento in cui avvengono cruciali trasformazioni sul piano delle strategie di sussistenza così come sul piano dell'articolazione socio-economica. Si intravedono caratteri di transizione con aspetti mesolitici molto tardi nella sostanziale assenza di triangoli, sviluppo delle troncature e delle lame a dorso, incidenza di trapezi e, in relazione ai resti paleofaunistici, nella presenza di bove di dimensioni ridotte. Questi aspetti rapportati all'eterogeneità socio-economica possono suggerire un diversificato modello di sviluppo, con l'esistenza di gruppi di cacciatori con forme incipienti di domesticazione del bove; gruppi di cacciatori in probabile contatto con gruppi ad economia produttiva[151].

La tendenza verso la microliticizzazione e l'importanza crescente degli strumenti geometrici, in particolare i trapezi, sono state associate all'incremento dello sfruttamento vegetale. Le industrie litiche dei siti salentini del Neolitico Antico, e in parte di quelli della Basilicata, sembrano differenziarsi da quelle del Tavoliere: le caratterizzazioni insediative, il tipo di ambiente e le conseguenti strategie adattive possono motivare queste differenze.

Nell'entroterra apulo centrale, il sito di Malerba (Altamura, Bari) documenta una predominanza della componente litica laminare, di cui alcuni esemplari sono anche in ossidiana[152]. La strumentazione ergologica è costituita da una particolare tipologia di lame silicee che sottolinea chiaramente il tipo di economia connessa allo sfruttamento delle risorse dell'ambiente litorale – raccolta di molluschi e pesca – non trascurando ovviamente le attività tradizionali quali la caccia e la raccolta di vegetali spontanei combinate alle prime forme di sperimentazione agricola.

---

innanzitutto da un punto di vista linguistico, poiché sembra sottendere una sorta di consapevolezza da parte di chi conserva la tradizione», cfr. DI LERNIA 1996, pp. 75-76.

[148] Per comprendere ciò che è avvenuto nelle fasi di passaggio tra Mesolitico e Neolitico è necessario compiere un decisivo cambio di approccio metodologico, superando la concezione uniformante con la quale è stato interpretato lo sviluppo della cultura neolitica in Italia: «Il volere applicare a tutta l'Italia meridionale, peninsulare ed insulare, un unico modello interpretativo ha comportato una dannosa e spesso ideologizzata forzatura dei dati. Se vogliamo riuscire a meglio comprendere ciò che è avvenuto nel passato, dobbiamo essere in grado di riconoscere il significato delle differenze e delle eguaglianze che caratterizzano tutte le società umane. Queste due categorie hanno un valore che è sia socio-culturale che spazio-temporale: il riconoscimento di tale valore deve essere una parte importante dei nostri processi interpretativi», cfr. GIANNITRAPANI 1996, p. 478.

[149] DI LERNIA 1995a.

---

[150] GRIFONI CREMONESI, TOZZI 1996. I trapezi sono anche diffusi nella Puglia centrale, come rivela l'industria litica del Pulo di Molfetta, fondo Azzolini (MARTINELLI 2002a, p. 125, fig. 3.3-7), di Balsignano (MARTINELLI 2002b, p. 197, fig. 6.1-4; p. 202, fig. 9).

[151] DI LERNIA 1995a.

[152] GENIOLA, PONZETTI 1987.

La presenza di geometrici trapezoidali di tipo mesolitico in industrie del Neolitico Antico confermerebbe l'esistenza di contatti tra i due substrati e del probabile verificarsi di processi di acculturazione[153].

Lo studio delle industrie litiche presenta ancora serie difficoltà per il riconoscimento dei rapporti tra quelle mesolitiche locali e quelle di alcuni gruppi neolitici; a ciò va aggiunto che gran parte di queste ultime non sono state adeguatamente studiate e che i dati relativi al Mesolitico in Italia centro-meridionale sono piuttosto scarsi; solo da pochi anni è possibile tracciare un quadro generale, basato però su pochi giacimenti.

La scarsa presenza del Castelnoviano nelle regioni centro-meridionali pone il problema delle industrie del più antico Neolitico in cui la tradizione mesolitica è assai evidente, in territori dove spesso il Neolitico segue in stratigrafia il Sauveterriano e dove non si conoscono elementi tardo mesolitici. Un esempio classico in tal senso è quello dell'insediamento di Torre Sabea in cui, in un contesto pienamente neolitico, l'industria litica mostra una forte componente mesolitica[154]. Industrie simili sono note anche in altri siti costieri del Brindisino[155], ma non è ancora possibile chiarire gli aspetti del substrato: risulta uno iato tra il Sauveterriano e le prime componenti neolitiche la cui precoce comparsa potrebbe essere una delle spiegazioni della scarsa presenza tardo mesolitica nelle aree meridionali.

Nella visione d'insieme, dunque, il quadro articolato che gli studi più recenti stanno mettendo in luce sembra orientare verso una compresenza di comunità a diversi livelli di acculturazione e confermare una convergenza di più tradizioni mesolitiche nelle complesse dinamiche della diffusione neolitica.

---

[153] È possibile instaurare una serie di confronti con la produzione litica e con l'industria in osso della Tessaglia, cfr. THEOCHARIS 1973, p. 301, tav. XXII.1; p. 329, fig. 222; p. 330, fig. 223, e con la produzione microlitica di alcuni siti dell'area mediterranea orientale quali Mallaha, Mureybet, Ramat Harif, Warwasi, Zawi Chemi, cfr. AURENCHE, KOZLOWSKI 1999, p. 197, 1-7; p. 200, 1-10. Si veda inoltre la documentazione proveniente dall'area apulo-lucana, in particolare dai siti di Torre Sabea, Ripa Tetta, Latronico (GIAMPIETRI 1996, tavv. 68-70; TOZZI 2002, p. 585), Setteponti (BIANCO 2002, p. 691).

[154] CREMONESI, GUILAINE 1987.

[155] COPPOLA 1983.

Capitolo III

Confronti tra culture coeve: Italia sud-orientale e Vicino Oriente

Di non facile lettura risulta la fase di transizione mesolitico-neolitica dell'area in esame, come in generale delle regioni peninsulari meridionali e mediterranee, in cui componenti culturali di varia provenienza attivano nelle comunità locali un graduale processo di sviluppo, di trasformazione e di ibridazione che determina un progressivo e diffuso patrimonio di esperienze e sperimentazioni comuni evidente soprattutto nella produzione materiale, negli scambi e nelle strutture socio-economiche. È infatti probabile che una serie di dinamiche relazionali abbia attivato un processo di trasformazione delle componenti economiche e socio-culturali in cui un ruolo determinante hanno assunto i contatti con le coste transadriatiche, testimoniati da alcuni indicatori – introduzione di caprovini, bovini, cereali domestici – ben distinguibili dai contesti culturali locali[1]. Sebbene nel complesso l'importanza del Mare Adriatico quale via di diffusione delle culture agricole sia stata sottolineata già da numerosi autori, mancano tuttora considerazioni dedotte da una lettura comparata delle fasi della diffusione neolitica in Italia sud-orientale, Grecia, Balcani e Mediterraneo centro-orientale[2].

A supporto di tale prospettiva di ricerca comparata, lo studio delle ceramiche dei complessi neolitici dell'area ionico-tarantina ha messo in luce motivi decorativi e tipologie che rivelano strette relazioni con le regioni transadriatiche[3]. Affinità tipo-morfologiche ed ornamentali nella produzione ceramica sembrano attestare rapporti e scambi con il Mediterraneo orientale che hanno coinvolto, a più ampio raggio, anche gli aspetti culturali di

Protosesklo in Grecia e della fase antica di Starčevo nei Balcani centrali[4].

I frammenti ceramici impressi e incisi delle *facies* arcaica ed evoluta di alcuni siti indagati quali Cimino, Masseria Era, Masseria Melia, Montedoro, Morrone Nuovo, Casa Straccioni, Le Conche[5] sembrano trovare riscontri in base ai motivi decorativi – impressioni digitali a unghiate, polpastrelli, pizzicato e ottenute con punzoni di varia forma (appuntiti, piatti, stondati, con valve di *Cardium*) – e alla morfologia vascolare, costituita per lo più da forme a profilo ovoidale, globulare e tronco-conico, nella documentazione proveniente dai contesti egeo-orientali di Nessonìs I, Achilleion, Magoulitsa, Kastritsa, Otzaki Magoula, Ghediki e nella più lontana produzione anatolica (Çatal Hüyük, strati X-IX), le cui datazioni risalgono alla fine del VII millennio[6]. Analoghi materiali di confronto provengono dal livello XXVII di Mersin, in Cilicia; dalla fase V B di Ras-Shamra, in Siria[7]; dai siti di Nea Nikomedia, in Macedonia (prima del 5607 ± 91 a.C.); Grotta Franchthi (5754 ± 81 a.C.); Knossos (5620 ± 150 a.C.); Sesklo (5607 ± 91 a.C.); Argissa Magula (5550 ± 90 a.C.); Sidari nell'isola di Corfù (5390 ± 180 a.C.)[8].

Confronti sono poi evidenti soprattutto a livello tipologico-ornamentale; i principali motivi della ceramica impressa noti nel comprensorio ionico-tarantino sembrano riproporre motivi provenienti dall'area più meridionale dell'Europa orientale (Tracia greco-turca, Tessaglia e Grecia centrale, Bulgaria orientale e meridionale)[9]. È inoltre probabile che relazioni

---

[1] COPPOLA, COSTANTINI 1987; COSTANTINI, TOZZI 1987; CREMONESI, GUILAINE 1987, p. 382.
[2] BATOVIĆ 1975a; 1987; BRUKNER 1996; TINÉ S. 1987; WHITEHOUSE 1987.
[3] MÜLLER 1988.

[4] A partire dalle zone neolitizzate della Grecia settentrionale si registra una progressiva diffusione dell'economia agricola in direzione dei Balcani, in particolare nelle aree oggi corrispondenti a Bulgaria e Romania meridionale. Così, la zona meridionale (Macedonia iugoslava, Albania sudorientale) presenta una stretta relazione con la Grecia settentrionale nella produzione materiale, evidente nella diffusione della ceramica monocroma e dei recipienti a decorazione impressa, già noti nel Protosesklo.
[5] FEDELE 1972, figg. I.e; XVI.c; ID. 1988, p. 14, fig. 2.9; ID. 1992, p. 80, fig. 39; GORGOGLIONE 2002, pp. 778-779.
[6] ZERVOS 1962, p. 198, fig. 170.
[7] ÖZBEK 1998.
[8] CREMANTE, STORTI 1997.
[9] Per la Tessaglia si vedano MAKKAY 1998; ZERVOS 1962, p. 198, fig. 170.

tra area ionico-tarantina e regioni balcaniche trovano una conferma anche nella presenza di ceramica impressa evoluta nel sito di Smilčic ed in altri centri della costa dalmata, a Cakran in Albania ed Obre I in Bosnia[10]. Nella produzione materiale compaiono forme ceramiche ed elementi ornamentali che possono essere messi in relazione con i territori più meridionali dell'Europa orientale, come i motivi impressi a unghiate, pizzicate ecc., che sembrano trovare riscontri con la cultura di Körös. Elementi di confronto con l'industria litica delle prime comunità neolitiche del territorio ionico-tarantino si ritrovano nella cultura di Körös, nel Bacino dei Carpazi – siti di Endröd 119 e Méhtelek – nelle prime culture agricole dell'Ungheria, in particolare per la presenza di armature geometriche trapezoidali, di lame di falcetto, perforatori e grattatoi[11]. Va comunque precisato come problematica risulti ancora oggi definire l'evoluzione del Neolitico anche sulle coste orientali dell'Adriatico, dove il processo di neolitizzazione si attua nell'ambito della diffusione della corrente culturale della Ceramica Impressa, che dalla fascia costiera penetra nell'entroterra attraverso la valle del Neretva fino alla Bosnia centrale, all'Erzegovina e alla parte settentrionale della Crna Gora[12].

Parallelismi nella produzione a ceramica impressa si riscontrano anche in area egea a Nessonis, nella Tessaglia nord-orientale; in una località sul fiume Titaraisios, vicino a Tyrnavos; a Pharsalos, nella Tessaglia centro-meridionale; ad Haghios Theodhoros, nei pressi di Karditsa, nella Tessaglia sud-occidentale[13].

In Tessaglia, la prima fase del Neolitico Antico presenta ceramica con forme vascolari semplici, in prevalenza globulari ritrovate – con le relative differenze tipo-strutturali – negli insediamenti dell'areale ionico-tarantino. Si tratta di una produzione registrata anche in alcuni insediamenti di altre regioni greche: Elateia nella Grecia centrale, Lerna e la grotta di Franchthi nel Peloponneso. Inoltre, i frammenti con decorazione impressa a ditate e a pizzicate con riporto di argilla appartenenti a vasi di grandi dimensioni e dalla struttura grossolana documentati nei siti di Montedoro, Masseria Melia, Masseria Era, Cimino, La Croce sembrano rivelare affinità con Starčevo[14]. I motivi decorativi ad incisione sono organizzati in forme geometriche piuttosto semplici oppure risultano variamente disposti sulla superficie vascolare come è evidente a Zérélia, in Grecia[15].

Trovano riscontri anche i motivi delle ceramiche graffite, con serie di linee parallele e a tremolo, rinvenute in area egea presso i siti di Drakhmani, di Corinto, di Soufli-Magoula[16].

Nelle regioni del Vicino Oriente mediterraneo, una concentrazione di siti con ceramica impressa risulta localizzata lungo la fascia costiera – Judaidah, Ain el Kerkh, Ras Shamra, Mersin, Tarsus, Byblos –, mentre nell'entroterra, nella valle dell'Eufrate – Coba Höyük e Mezraa Teleilat –, una scarsa incidenza quantitativa di questa classe ceramica sembra rimandare a contatti con le regioni costiere[17]. Confronti a livello ornamentale per le ceramiche impresse, incise e per la compresenza delle due tecniche decorative si possono instaurare con Byblos, Mersin, Ras Shamra e Mezraa Teleilat, dove da recenti ritrovamenti è emerso che incisione e

---

[10] PRENDI 2000.
[11] STARNINI 1998, p. 55, fig. 1.
[12] Da ricerche condotte lungo le coste orientali dell'Adriatico emerge che il Neolitico presenta caratteristiche uniformi su un vasto territorio esteso dall'Istria, attraverso la Croazia e la Dalmazia, al Montenegro e all'Albania, cfr. BATOVIĆ 1975a; ID. 1987; KRUTA, LIČKA 2001; PAVÚK 1996. A tal riguardo si pone l'attenzione sulla documentazione proveniente dalla Dalmazia, costituita da frammenti di ceramica impressa e incisa della cultura di Smilčic con motivi ben noti e diffusi in Italia sud-orientale (BATOVIĆ 1975b, tav. 42).
[13] Dalla ricostruzione delle principali linee di diffusione risulta che gruppi antropici di provenienza anatolica si siano diretti verso il Mediterraneo centro-occidentale utilizzando come probabili punti di passaggio la costa occidentale turca, il litorale egeo settentrionale, le coste

del Mar di Marmara e, più a sud, le Cicladi, Rodi, Carpatos, Creta, Citera e il Peloponneso. Va notato però come restino ancora ignoti i punti di passaggio intermedi, mentre non definita appare la funzione delle Cicladi e quella del grande arco insulare egeo.
[14] ZERVOS 1963, pp. 444-445, figg. 684; 686; 689-691.
[15] ID. 1962, p. 237, fig. 258.
[16] ID.1962, p. 199, figg. 174; 176; ID. 1963, pp. 293-294, figg. 371-376.
[17] Per un'aggiornata mappa distributiva dei siti con ceramica impressa nel Vicino Oriente mediterraneo, v. BALOSSI, FRANGIPANE 2002, p. 4.

impressione si trovano utilizzate sullo stesso vaso[18].

In Tessaglia settentrionale, e più in generale nel territorio nord-occidentale della Grecia, la ceramica impressa e quella incisa rivelano una provenienza nord-occidentale – da individuarsi verosimilmente nei ritrovamenti di Crvena Stijema e, in generale, dell'Erzegovina, o della costa dalmata più che in quelli di Starčevo-Körös-Criş – anche perché sembrano assenti nel sud e nella parte orientale della Grecia[19].

Da quanto detto, sembrerebbe possibile sostenere che il processo di neolitizzazione dalla costa orientale dell'Adriatico abbia progressivamente investito le aree costiere dell'Italia centro-meridionale tra il VI e il V millennio a.C. Stretti rapporti tra le regioni transadriatiche e l'Italia sud-orientale si configurano quale risultato di analoghi mutamenti socio-economici in atto nel Mediterraneo nella prima metà del VI millennio a.C.

Dalla comparazione delle datazioni radiocarboniche si evince inoltre una neolitizzazione grossomodo contemporanea del territorio ionico-tarantino e della costa dalmato-balcanica. Lungo la costa adriatica balcanica, sono noti siti a ceramica impressa (Vela Špilja, Tinj, Vrbica, Konjevrate, Nin, Medulin) costituiti da tipologie insediative – insediamenti all'aperto – e strutture di abitato a pianta bicellulare ritrovate anche nel territorio ionico-tarantino, in particolare a Masseria Era,

Masseria Melia, Montedoro[20]. Un dato degno di osservazione è costituito dalla topografia degli areali transadriatici relativi alle coste e alle zone di retrobattigia, che interessano ambienti ecologicamente molto vari: in alcuni siti come Crvena Stijena, in Montenegro, è presente solo fauna selvatica; attività agricole sono state invece confermate a Smilčić, Nin, Medulin e Glis. In Bulgaria, i primi insediamenti ad economia sedentaria agricolo-pastorale localizzati su terrazzi lungo le vallate dei fiumi Maritsa e Tundža risalgono alla seconda metà del VI millennio a.C., alla cultura di Karanovo I-Kremikovci.

Siti antico-neolitici elladici che per caratteristiche topografiche presentano confronti con gli insediamenti dell'area ionico-tarantina risultano concentrati nel territorio sud-orientale della Tessaglia, vicino alla costa (Sesklo, Souphli Magoula, Argissa, Prodromos), ad Elateia nella Focide, a Nea Makrì sulla costa orientale dell'Attica, a Corinto, a Lerna in Argolide, nelle isole (a Sidari, Corfù; ad Aghios Petros; a Kyra Panaghia).

Qualsiasi possa essere stata la forma della neolitizzazione delle regioni adriatiche e transadriatiche sud-orientali, recenti prospezioni condotte in Tessaglia[21] hanno rivelato che l'economia agricola ha avuto luogo in presenza di determinati tipi di suoli: meandri fluviali o depositi alluvionali, con suoli leggeri sabbioso-limosi, mentre i depositi pesanti argillosi dei suoli acquitrinosi e paludosi erano utilizzabili principalmente per il pascolo. Analoghe osservazioni relative ai rapporti esistenti tra insediamenti e suoli possono essere fatte per la cultura di Körös[22]. Ne è un esempio il sito di Szarvas 23, uno dei più antichi e ricchi insediamenti della cultura omonima, individuato lungo la sponda di un paleoalveo del fiume Körös[23].

---

[18] Una vasta serie di motivi impressi relativi alla produzione ceramica del Vicino Oriente, dai più antichi ai più recenti a quelli tardi combinati con incisioni, che mostra notevoli affinità tipologico-ornamentali con la coeva produzione dell'Italia sud-orientale ed in particolare con quella del Bacino del Mar Piccolo di Taranto, è stata di recente catalogata, v. BALOSSI, FRANGIPANE 2002, p. 9.

[19] Tra gli scarsi indizi di ceramica a decorazione impressa o incisa già preesistente in Grecia si ricordano i siti di Nea Makri, Nemea, Elateia, Orchomenos, Nea Nikomedeia, cfr. THEOCHARIS 1956; BLEGEN 1927; WEINBERG 1962; KUNZE 1931; RODDEN 1962. Si tratta, però, in tutti i casi di rinvenimenti effettuati più a nord o più a ovest di quelli della Tessaglia, il che potrebbe avvalorare l'ipotesi di una provenienza della ceramica impresso-cardiale da zone nord-occidentali rispetto alla regione ellenica. Per una dettagliata e aggiornata mappa distributiva dei siti neolitici con ceramiche impresse della Grecia, v. BENVENUTI, METALLINOU 2002, p. 18.

[20] Per una aggiornata mappa di distribuzione dei siti sia in grotta che all'aperto della Ceramica Impressa Adriatica della Penisola Balcanica si rimanda a E. Starnini (2002, p. 32).

[21] MANFREDINI 2002a, p. 168.

[22] STARNINI 2002, pp. 31-32.

[23] Per quanto riguarda gli aspetti topografici, si consideri che la distribuzione degli insediamenti neolitici interessa generalmente i pendii dei paleoalvei, dove si rinvengono

È noto che a partire dalle zone neolitizzate della Grecia settentrionale si registra una progressiva diffusione dell'economia agricola in direzione dei Balcani, in particolare nelle aree oggi occupate da Iugoslavia, Bulgaria e Romania meridionale; ne consegue che i Balcani meridionali (Macedonia iugoslava, Albania sud-orientale) presentino una stretta relazione con la Grecia del Nord, in particolare con la fase di Protosesklo. L'influenza delle prime culture agricole della regione balcano-danubiana e dell'Europa centrale ha avuto un ruolo decisivo nella diffusione dell'economia produttiva e nella formazione delle culture neolitiche del territorio nord-occidentale prospiciente il Mar Nero. Nella Transcaucasia già nel VI millennio ha avuto inizio la diffusione di insediamenti con economia agricola. Piuttosto che il risultato di una diffusione diretta e sistematica, sembra che le prime fasi del processo di neolitizzazione siano state interessate da successive assimilazioni di popolazioni locali mesolitiche[24].

In area egea, la documentazione relativa alla più antica produzione agricola presenta situazioni di una certa omogeneità: Nea Nikomedia, in Macedonia, ha una data isolata di 6200 a.C. e una serie di date a partire dal 5800 per i più antichi livelli nei quali sono attestati cereali coltivati, animali domestici e ossidiana; il sito, attualmente distante dal mare, si ritiene che sorgesse su stagni e paludi periodicamente inondate[25]. Argissa e Souphli Magoula sono situate a poca distanza dall'attuale città di

Larissa, in una piana costiera percorsa da due fiumi che, prima di sfociare in mare, convergono nei laghi Vivis e Trikkale. Anche la posizione di Orchomenos, sul bacino dell'antico lago Tebaide, è particolarmente indicativa come la disposizione topografica di Nea Makri sulla costa sabbiosa vicino a Maratona. Lerna, situata sul lato occidentale del Golfo di Argo, sulla destra del fiume Amymone, si localizza quasi sulla spiaggia, vicino alla foce: nei saggi che hanno raggiunto i livelli del Neolitico Antico, l'impianto risultava a livello del mare. Grotta Frantchi[26], nel Peloponneso, si apre attualmente sul mare. A Corfù, l'abitato di Sidari è posto sulle dune sabbiose della costa settentrionale dell'isola; Seskle, in Tessaglia, sembra differenziarsi per la sua posizione interna, a circa 20 Km dalla costa attuale, ma i livelli di base si pongono ad una quota emergente dalla pianura circostante, in una piccola altura tra due fiumi[27].

Un elemento interessante di supporto ad una più dettagliata individuazione delle relazioni con l'area bulgaro-tessala e macedone-ungherese delle culture di Körös-Starčevo emerge da alcune raffigurazioni interpretate come rappresentazioni della capra *aegagrus* addomesticata attribuite alla cultura di Körös[28]. In altre regioni come la Tessaglia e la Grecia centrale, l'ipotesi di una diffusione dal Vicino Oriente sembra meglio spiegare le innovazioni tecniche e il processo di domesticazione; in Macedonia invece si ipotizza un'evoluzione di carattere locale oppure una diffusione dall'Europa centrale.

È ovvio che, in mancanza dei relativi ritrovamenti di resti faunistici, si tratti di semplici supposizioni mirate a inserire nel quadro economico dell'Europa sud-orientale nelle prime fasi della neolitizzazione la presenza della capra selvatica progenitrice di quella domestica, quale supporto ad ipotesi di matrice diffusionista. Nel caso dei bovini domestici, invece, la presenza in Europa dei loro antenati selvatici è stata accertata all'inizio dell'Olocene. In rapporto all'interrelazione paleoambiente-distribuzione antropica i confronti sembrano evidenti con l'Europa sud-

---

di frequente veri e propri villaggi di sponda, lunghi fino ad 1-1,5 km, cfr. KRUTA, LIČKA 2001.

[24] Osserva inoltre J. Makkay (1998, pp. 37-38) che «Qualsiasi possa essere stata la forma della prima neolitizzazione della parte più meridionale dell'Europa orientale (Tracia greco-turca, Tessaglia e Grecia centrale, Bulgaria orientale e meridionale) - semplice diffusione, propagazione di nuove idee in seguito a movimenti di piccoli gruppi umani, migrazione di popolazioni - recenti prospezioni condotte in Tessaglia hanno rivelato che la nuova economia agricola ebbe luogo solamente in presenza di determinati tipi di suoli: meandri fluviali attivi o abbandonati o depositi alluvionali, con suoli leggeri sabbioso-limosi».

[25] Dal punto di vista archeobotanico, il modello della diffusione sembra perfettamente applicabile soprattutto in quelle «aree che potremmo definire omogenee», cfr. CASTELLETTI, ROTTOLI 1998, p. 17. Si tratta, cioè, di quelle aree corrispondenti alle pianure costiere e alle lunghe vallate interne dell'Europa.

[26] MANFREDINI 1991a, p.234, fig. 3.a-b.
[27] BENVENUTI METALLINOU 2002; THEOCHARIS 1973.
[28] MAKKAY 1998, p. 37.

orientale, in particolare con la cultura di Körös: gli insediamenti sono generalmente localizzati sui pendii dei paleoalvei e si rinvengono di frequente veri e propri villaggi di sponda.

Nel caso dell'Italia sud-orientale, appare evidente come alcuni siti si inseriscano bene in tale modello insediativo: l'insediamento di Coppa Nevigata (Manfredonia, Foggia), come la maggior parte dei villaggi del Tavoliere, era posto sul bordo di una laguna. Posizioni costiere simili, sul bordo di lagune o stagni costieri, dovevano occupare i villaggi della Puglia costiera, attualmente indiziati solo da raccolte di superficie e da foto aeree, allineati lungo il bordo delle attuali saline, corrispondenti all'ex-lago Salpi. In area garganica, gli insediamenti sono per lo più costieri e occupati da gruppi che, pur nel contesto di un'economia sedentaria, utilizzano ampiamente risorse marine. Lungo la costa adriatica apula le industrie di tipo microlitico appaiono spesso associate ad attività di raccolta di molluschi; la presenza di trapezi a lati concavi, ora in complessi mesolitici, ora e più raramente in contesti neolitici a ceramica impressa, costituisce un indizio di continuità insediativa[29]. Tra i siti del Brindisino, Fontanelle, in posizione costiera, sembra avere una forte componente mesolitica nell'industria litica; Torre Canne è posta al termine di una scogliera che si protende su un litorale sabbioso[30].

Sul versante occidentale del Salento[31], ai piedi di una serie di ampi terrazzi digradanti dall'altopiano murgiano, si stende una striscia di pianura a ridosso di una zona litorale di duna

a macchia, in cui il sito di Torre Sabea[32], posto all'estremità orientale del Golfo di Taranto, costituisce un esempio di intensa frequentazione neolitica. Nel versante ionico occidentale, invece, tra il Metapontino e la Sibaritide, la selezione insediativa sembra essere stata orientata verso le dune sub-recenti, di formazione olocenica, prospicienti la pianura alluvionale, facilmente lavorabili e adatte ad un tipo di coltivazione con strumentario poco elaborato.

Risulterebbe poi particolarmente interessante una lettura topografica comparata tra i siti ionico-tarantini e quelli della costa e dell'entroterra barese e brindisino, che hanno rivelato la presenza isolata di strutture abitative (Scamuso, Torre Canne, Francavilla Fontana, fondo Azzolini di Molfetta) al fine di delineare un quadro economico "proto-agricolo", in cui accanto all'incipiente agricoltura l'attività di raccolta probabilmente stagionale di vegetali e molluschi era ancora fortissima.

Analogie tra i materiali derivano anche da alcuni insediamenti lucani riferibili ad un momento avanzato della ceramica impressa (Metaponto, tempio di Hera, Montescaglioso, S. Vitale di Salandra) o con ceramiche dipinte bicromiche (Montalbano, contrada Cetrangolo, Policoro, Contrada Pentrella, Tolve, località Magritiello)[33]. La sequenza neolitica del Materano, il cui momento iniziale è rappresentato dalle ceramiche impresse del livello più antico di Trasano (fase I), è la risultante di una serie di aspetti culturali di probabile origine transadriatica filtrati dalla vicina area del Tavoliere foggiano e soggetti ad una rielaborazione *in loco*[34].

Un'ulteriore documentazione proviene dal villaggio di Rendina (Melfi, Potenza) in cui si può ipotizzare che nel I e nel II periodo l'agricoltura di Rendina fosse mobile e legata alle prime sperimentazioni, al contrario del III periodo in cui diviene sedentaria, come attestato dalla rotazione delle coltivazioni, dall'uso

---

[29] Altrettanto importante per la produzione di manufatti o di prodotti semilavorati è l'ubicazione dei siti da cui si ricavavano le materie prime, soprattutto i giacimenti principali di rocce, selce e ossidiana, cfr. CASSANO, MANFREDINI 1987; GRAVINA 1991. I manufatti in vetro vulcanico costituiscono uno dei più validi elementi di valutazione dei rapporti intercorrenti, soprattutto attraverso itinerari marittimi, tra varie regioni del Mediterraneo, cfr. NICOLETTI 1997.

[30] Nuove indagini paleobotaniche hanno attestato la presenza di *Triticum monococcum* e *dicoccum*, orzo e lenticchie; una datazione sull'intonaco di capanna indica una data di 4950 a.C., cfr. COPPOLA, COSTANTINI 1987.

[31] Per ricerche e studi sul popolamento neolitico del Nord-Ovest del Salento v. A. Corrado ed E. Ingravallo (1988).

[32] Le campagne di scavo e le ricerche, condotte a Torre Sabea (Gallipoli, Lecce) da G. Cremonesi in collaborazione con J. Guilaine (1987), costituiscono un contributo fondamentale per la conoscenza della neolitizzazione dell'Italia sud-orientale.

[33] BIANCO 1996.

[34] RADI, GRIFONI CREMONESI 1996.

prolungato del maggese, da una diversa gestione insediamento-territorio. Il paleoambiente appare degradato nelle aree vallive, con minore vegetazione ad alto fusto sostituita dalla macchia bassa e dalla steppa erbosa. Il quadro cronologico derivato dal sito di Rendina è stato integrato da un'indagine effettuata presso un insediamento topograficamente molto vicino e interessato da una lunga occupazione, dal Neolitico iniziale all'Eneolitico. Si tratta di un villaggio situato su un basso terrazzo pianeggiante lungo la riva destra dell'Ofanto, alla confluenza con l'Olivento[35]. Il passaggio ad un'agricoltura di tipo stanziale risulta alla base di una progressiva trasformazione socio-economica che influisce anche sulle tipologie insediative.

In generale, la diffusione neolitica nei territori europei è stata un fenomeno graduale che ha interessato gli aspetti economici, sociali e demografici tra la fine del Pleistocene e l'inizio dell'Olocene. Si tratta di un processo che ha progressivamente coinvolto le comunità di tradizione mesolitica ed è stato quasi sicuramente accelerato dall'arrivo di gruppi allogeni. È questa oggi un'ipotesi che tenta di combinare la probabile validità di due teorie, fondamentalmente opposte: la prima, ripresa ultimamente anche su base delle evidenze genetiche attuali, propone un arrivo di gruppi basati sull'economia di produzione[36]; l'altra

ipotizza che il passaggio da un'economia di predazione, di tipo paleo-mesolitico, a quella di produzione – con domesticazione di alcuni vegetali e di alcune specie animali – si sia potuto realizzare *in loco* con caratteri propri, a seconda dei territori interessati dal fenomeno[37].

---

[35] Rapporti e scambi si potrebbero intravedere in base ai ritrovamenti ceramici: le ceramiche decorate in bianco ivi rinvenute trovano confronti con quelle tessaliche e del Sud-Est europeo, entrambe risalenti alla metà del V millennio a.C. L'architettura rimanda a quella del Neolitico iniziale dell'Europa sud-orientale: l'abitazione ad una sola stanza è tipica del gruppo Starčevo-Karanovo-Criş-Körös; mentre quella suddivisa in due ambienti è documentata in Macedonia fin dal Neolitico Antico, cfr. CIPOLLONI SAMPÒ 1987b; PRENDI 2000.

[36] AMMERMAN, CAVALLI-SFORZA 1986. L'assenza in Italia nel tardo Pleistocene di pecore e capre selvatiche indica un'introduzione dall'esterno di queste due specie confermata dai caratteri di avanzata domesticazione già presenti negli esemplari pugliesi della seconda metà del VI millennio. Una possibile area di provenienza è stata individuata nelle regioni balcaniche, dove queste specie sono presenti nel Neolitico Antico con caratteristiche simili a quelle della Puglia: «Il Neolitico di quest'area si prospetta quindi fin dal suo inizio come un fenomeno che ha elaborato altrove le tecnologie necessarie alla riproduzione di alcune piante e animali e che si ripropone in Europa, dapprima in Grecia e nel sud-est dei Balcani e

subito dopo in Italia e lungo le rive del Mediterraneo, con un bagaglio conoscitivo che in questi settori è già pienamente maturo», cfr. CIPOLLONI SAMPÒ 2002a, pp. 175-176.

[37] BINFORD 1968; 1972.

Considerazioni conclusive

L'attenzione sempre maggiore rivolta in questi ultimi anni ai rapporti tra Italia sud-orientale, regioni transadriatiche e Vicino Oriente, nell'ambito della diffusione neolitica, ha costituito uno stimolo a riprendere in esame l'intero problema e le possibili relazioni nelle fasi immediatamente precedenti la neolitizzazione, pur considerando che i processi storici hanno tempi regionalmente e cronologicamente differenziati. Si è infatti spesso sottovalutato il complesso quadro delle dinamiche innovative e la poliedricità delle situazioni locali determinata da fattori concorrenti, quali le elaborazioni originali e gli scambi interculturali.

Nel caso in esame, sebbene la documentazione archeologica attualmente disponibile risulti ancora in uno stato lacunoso per prestarsi ad un inquadramento completo, è possibile fornire una serie di prospettive utili per varie direttive di ricerca. Certamente significativi risultano i dati derivati dalle indagini archeologiche come le dimensioni dell'insediamento, la durata dell'occupazione, la distribuzione dei vari abitati in relazione al contesto paleoambientale, la produzione e la circolazione di materie prime e manufatti.

Nell'ambito di questo studio, l'obiettivo primario è stato infatti quello di ricostruire, attraverso la concretezza dei dati di scavo e delle ricognizioni, un quadro storico-culturale della diffusione neolitica dell'area ionico-tarantina, che rappresenta una unicità nella contestualità delle testimonianze insediative dell'Italia sud-orientale. Pertanto, accanto a considerazioni più strettamente connesse alla specificità della ricerca, e che vogliono rappresentare il punto d'avvio per studi specifici e approfonditi, come pare indispensabile data la complessità ed articolazione della materia, sembra necessaria qualche osservazione d'ordine metodologico. La presentazione critica di tutte le notizie edite, derivata dalla raccolta sistematica dei dati, ha reso possibile una ricostruzione storica su base archeologica, che però invita ad una certa cautela interpretativa. Dato di primaria importanza è che molti contesti non siano ancora stati indagati con la metodicità che il loro rilievo storico renderebbe indispensabile. Ne deriva perciò un quadro limitante e falsato della realtà archeologica, già fortemente compromessa per sua stessa natura.

Non si intende, però, in questa sede, entrare nella discussione relativa alla ricostruzione dei tempi e dei modi della diffusione neolitica e di contatti tra le comunità autoctone e i gruppi di diversa provenienza attraverso le possibili vie di scambi, anche perché la sola presenza o assenza di manufatti permette esclusivamente di tracciare un contesto preliminare e a grandi linee delle vie di diffusione. Si vuole invece proporre un quadro aggiornato e critico della realtà storica dell'area ionico-tarantina nell'ambito della diffusione neolitica e presentare, trattandosi di ricerche ancora in corso, ipotesi di lavoro e spunti di discussione.

È chiaro che per comprendere l'origine del Neolitico di un'area è sempre necessario analizzare approfonditamente, per quanto possibile, la situazione precedente la neolitizzazione, prendendo in considerazione l'eventuale presenza di un popolamento indigeno durante l'Olocene Antico. Tuttavia, la frammentarietà dei dati attualmente disponibili inibisce una valutazione complessiva della diffusione neolitica e, al contempo, rende difficoltosi sistematici confronti con i principali siti coevi.

Stringenti confronti sono stati impostati con alcuni insediamenti delle regioni transadriatiche sulla base di una comparazione dei modelli abitativi monocellulari di area transadriatica (culture di Körös-Criş-Karanovo) e bicellulari di matrice macedone-balcanica e con la produzione materiale del Mediterraneo orientale, a partire dalle affinità tipologiche dei campioni in esame. È emersa una stretta relazione tra la topografia dei villaggi costieri dell'arco dunare del Golfo di Taranto e la recente formazione geologica olocenica, da cui si deduce che il processo di neolitizzazione ha avuto avvio nelle formazioni insediative elevate del retroterra, dove il potenziale di sfruttamento economico garantiva maggiori possibilità di sviluppo.

È stato poi posto in evidenza come l'antropizzazione del territorio ionico-tarantino coincida, in generale, con il momento della climatizzazione ottimale olocenica quando compaiono prime forme di organizzazione insediativa neolitica. Si tratta di una fase paleoecologica e di uno sviluppo paleoantropico che risalgono ad un periodo successivo alle oscillazioni climatiche, attestate dalle antiche linee di costa, e corrispondente alla stabilizzazione del clima temperato (climatizzazione neotermale). Si avvia pertanto un processo di antropizzazione favorito sia da condizioni paleoambientali ideali per lo sfruttamento delle risorse marine, sia dal potenziale agricolo offerto dalle ampie vallate idonee all'economia di produzione.

Va inoltre ricordato che una serie di ostacoli per una ricostruzione dei contesti culturali relativi alla fase di transizione mesolitico-neolitica è stata riscontrata nella varietà delle situazioni ambientali e delle influenze culturali, che potrebbero tradursi in un indicatore importantissimo per meglio definire la misura, l'intensità e la natura degli stessi rapporti culturali e commerciali.

Ai noti e complessi problemi di attribuzione crono-culturale si aggiunge anche l'esiguità della documentazione archeologica relativa alle tipologie insediative, alle vie di comunicazione, all'organizzazione interna delle comunità locali, alla produzione e circolazione dei beni, alla natura dei contatti intraregionali e interregionali. Permangono pertanto numerose lacune relativamente a questo aspetto che limitano la possibilità di una valutazione complessiva della diffusione neolitica; è dunque fuorviante sia interpretare l'assenza di alcuni indicatori, quali classi ceramiche, strumenti litici, strutture abitative, solo come dovuta all'incompletezza dei dati pubblicati, sia ricordurla e ridurla ad un fattore di portata storica. Problematica risulta ancora oggi la definizione della natura delle interrelazioni, del ruolo effettivo dei gruppi allogeni di provenienza transadriatica e vicino orientale determinante per una prima polarizzazione dei rapporti interadriatici. I successivi sviluppi neolitici, è noto, contribuiranno ad una intensificazione degli scambi commerciali: il versante settentrionale del territorio ionico-tarantino si orienta culturalmente verso la valle dell'Ofanto stabilendo, attraverso questa, una serie di contatti con le coste adriatiche apule e transadriatiche, mentre il litorale ionico sembra essere collegato alle correnti di traffico egeo-orientali. Ancora, l'osservazione della distribuzione e del ruolo della ceramica impressa, che ha contrassegnato le fasi antiche del Neolitico in quasi tutto il Bacino del Mediterraneo, offre interessanti spunti sia riguardo al problema delle origini e della circolazione delle prime ceramiche, sia sul tema delle vie e delle modalità di diffusione di quel complesso di acquisizioni alla base dei nuovi modi di vita neolitici.

A tali problemi si aggiunge la varietà dei complessi litici preneolitici delle regioni meridionali; la fisionomia stilistica e strutturale delle industrie litiche meridionali nei primi aspetti a ceramiche appare tuttora alquanto complessa. Ne deriva che pur riconoscendo al processo di neolitizzazione e al suo conseguente consolidamento una serie di variazioni e di innovazioni nella litotecnica, gli aspetti tipologici siano riconducibili a substrati preneolitici: l'industria litica della grotta n. 3 di Latronico e di Torre Sabea attesta una trasmissione di moduli tipologici standardizzati di tradizione castelnoviana in un contesto culturale a ceramica (si rimanda alla nota componente a trapezi e a lame ritoccate anche con incavi). Allo stesso modo elementi genericamente di foggia castelnoviana si ritrovano diffusi su un vasto areale che sembra interessare il versante adriatico centro-meridionale (tagli 22-24 di grotta della Continenza; alcuni siti del Brindisino - tra cui Fontanelle - e del Tarantino). Va considerato che non è nota allo stato attuale la litotecnica dei primissimi aspetti neolitici, a causa sia della rarità dei complessi litici che, all'interno di quelli documentati, della scarsa componente litica. Le già riscontrate difficoltà di riconoscimento della tradizione mesolitica nelle industrie litiche del Neolitico Antico, sia sul piano pratico che su quello metodologico, corrispondono ad una scarsa conoscenza delle industrie mesolitiche immediatamente antecedenti al Neolitico Antico, alla difficoltà di distinguere la tradizione mesolitica locale da quella proveniente da contesti allogeni, alla complessità dei processi di acculturazione dei gruppi mesolitici indigeni.

È dunque nel campo delle microanalisi che si deve indagare per meglio definire la gestione degli spazi, la natura delle attività praticate, la complessità strutturale dell'organizzazione socio-economica. Un'ulteriore definizione delle dinamiche culturali del più antico Neolitico dell'area ionico-tarantina potrà derivare dall'approfondimento delle conoscenze territoriali in aree poco documentate – quali *in primis* il versante nord-orientale del Bacino del Mar Piccolo di Taranto –, ma soprattutto da studi sistematici sui materiali provenienti da contesti ben seriati.

Inoltre, nonostante siano state incrementate rispetto a qualche anno fa le ricerche in estensione nell'ambito dei siti del Neolitico Antico dell'Italia meridionale, con l'apporto di nuovi dati sulla pianta degli abitati e sui caratteri che l'uso degli spazi determina, in relazione alle diverse destinazioni ed attività, il quadro d'insieme rimane piuttosto eterogeneo sia per quantità che per rappresentatività di campioni. Tra le cause l'obiettiva difficoltà interpretativa di alcuni contesti, intrinseca al tipo di rinvenimento e al loro non buono stato di conservazione o ancora alla storia stessa della formazione dei giacimenti. Lo studio delle strutture andrebbe inquadrato nel complesso dei sistemi insediativi alla luce delle possibili variazioni nei ruoli e nelle attività sia all'interno di un sito che tra siti diversi. La situazione locale qui considerata non risulta in contrasto con quanto noto su scala territoriale più ampia per le variazioni delle linee di riva nel periodo pleistocenico-olocenico ed olocenico iniziale, anche se resta di difficile datazione la precisa scansione dei diversi momenti del processo di risalita del livello delle acque, particolarmente rilevante dal punto di vista paleoculturale per una ridefinizione del rapporto ambiente-antropizzazione.

Ancora, di particolare interesse risultano i dati progressivamente derivati dall'analisi dei resti paleobotanici e paleofaunistici, che documentano la varietà e la complessità dell'*habita*t e le varie forme di economia. L'associazione faunistica caratterizzata da specie selvatiche e domestiche riscontrata in vari siti, nonchè la presenza di molluschi marini e terrestri testimoniano che si tratta di comunità antropiche basate su un tipo di economia mista,

che ancora risente della tradizione paleo-mesolitica. Si è visto come una tale realtà economica sia correlata all'articolazione del territorio in due ecosistemi differenziati, rispettivamente caratterizzati da elementi forestali e da aree aperte con boscaglia e roccia affiorante. Inoltre, in base ai ritrovamenti di specie di molluschi marini si ipotizza una frequentazione del vicino ambiente costiero del Mar Piccolo di Taranto.

Tuttavia, dalla ricostruzione paleoambientale e dalle indagini sulla distribuzione delle presenze culturali finora condotte sul territorio interessato, è emerso che i processi di neolitizzazione hanno avuto il loro avvio nelle zone più elevate del retrocosta, lungo la dorsale terrazzata del primo gradino murgico, dove il potenziale di sfruttamento economico offriva maggiori possibilità di sviluppo. È stato accertato che, alla fine del V millennio a.C., a causa di forti oscillazioni climatiche e del conseguente innalzamento dell'indice pluviometrico, lo scivolamento dei terrazzi di sfruttamento sul fondovalle impone l'abbandono delle sedi originarie, nuovi modelli abitativi in zona di retrobattigia e la ridefinizione delle attività produttive, basate soprattutto sullo sfruttamento delle risorse marine e sul potenziamento delle relazioni culturali. La documentazione presenta nel complesso un quadro di forti e intense relazioni interregionali in cui, se all'origine le zone di distribuzione del potenziale domesticabile funzionano da zone propulsive della diffusione delle conquiste economiche acquisite, gli esiti hanno dato luogo ad una molteplicità di risposte e adattamenti, ad una serie di scambi interattivi tra più comunità e regioni. In questa fitta rete di relazioni, quindi, non solo il cambiamento delle condizioni ambientali, ma anche le interazioni tra comunità sembrerebbero attivare strategie adattive.

Abbreviazioni

AJA	American Journal of Archaeology
AM	Mitteilungen des deutschen Archäologhischen Instituts. Athenische Abteilumg, Athen
AnnBari	Annali dell'Università di Bari
AnnFerrara	Annali dell'Università di Ferrara
ArchStPugl	Archivio Storico Pugliese
AttiDaunia	Atti del...Convegno sulla Preistoria, Protostoria, Storia della Daunia
AttiIIPP	Atti della...Riunione Scientifica dell'Istituto Italiano di Preistoria e Protostoria
AttiSocFriuli	Atti della Società per la Preistoria e la Protostoria della Regione Friuli-Venezia Giulia
AttiSocTosc	Atti della Società Toscana di Scienze Naturali, Memorie
AttiSpPugl	Atti del... Convegno di Speleologia Pugliese
AttiTaranto	Atti del...Convegno di Studi sulla Magna Grecia
AttiUISPP	Atti del...Congresso Internazionale di Scienze Preistoriche e Protostoriche
BAR	British Archaeological Reports
BollSocGeolIt	Bollettino della Società Geologica Italiana
BPI	Bullettino di Paletnologia Italiana
DArch	Dialoghi di Archeologia
EJA	European Journal of Archaeology
GeolApplIdrog	Geologia Applicata e Idrogeologia
JFA	Journal of Field Archaeology
JMA	Journal of Mediterranean Archaeology
MAL	Monumenti Antichi dell'Accademia dei Lincei
MEFRA	Mélanges de l'École Française de Rome, Antiquité
MemSocGeolIt	Memorie della Società Geologica Italiana
Origini	Origini. Preistoria e Protostoria delle Civiltà Antiche
PCIA	Popoli e civiltà dell'Italia antica
PPS	Proceedings of the Prehistoric Society
RassA	Rassegna di Archeologia
RSP	Rivista di Scienze Preistoriche
SA	Studi di Antichità dell'Università di Lecce
Taras	Taras. Rivista di Archeologia

Bibliografia

ACCOGLI M. 1981, *Ceramica neolitica da Punta Rondinella (Taranto)*, Taras I, 2, pp. 293-299.

ACCORSI C.A., BANDINI MOZZANTI M., MERCURI A. 1995, *Analisi palinologiche,* in *Terragne*, pp. 185-198.

AFFUSO A., LORUSSO P. 2008, *Anthropomorphic images of the Early and Middle Apulo-Lucan Neolithic. Aspects and interpretative problems*, in MENOZZI O., DI MARZIO M.L., FOSSATARO D., eds., Proceedings of the IX Symposium on Mediterranean Archaeology, BAR I.S. 1739.

ALLOCCA F., AMATO V., COPPOLA D., GIACCIO B., ORTOLANI F., PAGLIUCA S. 2000, *Cyclical Climatic-Environmente Variations during the Holocene in Campania and Apulia: Geoarchaeological and Paleoethnological Evidence*, MemSocGeolIt 55, pp. 345-352.

AMMERMAN A.J. 1988, *The study of an Early Neolithic household in Calabria*, Origini XIV.

AMMERMAN A.J., CAVALLI SFORZA L.L. 1986, *The neolithic transition and the genetics of populations in Europe*, trad. it. *La transizione neolitica e la genetica di popolazioni in Europa*, Torino.

AMMERMAN A.J., SHAFFER G.D., HARTMANN N. 1988, *A Neolithic household at Piano di Curinga, Italy*, JFA 15, pp. 121-140.

ANDERSON P. 2000, *Agricultural techniques in Neolithic communities: a signe of spreading from East to West*, in *Atti Udine*, pp. 51-52.

ANTONIOLI F., LEONI G. 1998, *Siti archeologici sommersi e loro utilizzazione quali indicatori per lo studio delle variazioni recenti del livello del mare*, Il Quaternario. Italian Journal of Quaternary Sciences 11, 1, pp. 53-66.

ATTI UDINE - PESSINA A., MUSCIO G., a cura di, 2000, *La Neolitizzazione tra Oriente e Occidente*, Atti del Convegno di Studi, Udine.

AttiUISPP XIII - GRIFONI CREMONESI R., GUILAINE J., L'HELGOUACH J., a cura di, 1996, *The Neolithic in the Near East and Europe*, Section 9, XIII International Congress UISPP, Forlì.

AURENCHE O., KOZLOWSKI S.K. 1999, *La naissance du Néolithique au Proche Orient*, Parigi.

BALOSSI F., FRANGIPANE M. 2002, *La ceramica impressa del Vicino Oriente*, in *Ceramiche impresse*, pp. 3-15.

BATOVIĆ Š. 1975a, *Le relazioni tra i Balcani e l'Italia Meridionale in età Neolitica*, in *Rapporti tra i Balcani e l'Italia meridionale nell'età Neolitica*, Accademia Nazionale dei Lincei, CCCLXXXI, pp. 5-27.

BATOVIĆ Š. 1975b, *Le relazioni tra la Daunia e la sponda orientale dell'Adriatico*, Atti del Colloquio Internazionale di Preistoria e Protostoria della Daunia, Firenze, pp. 149-157.

BATOVIC Š. 1987, *La Néolithisation en Adriatique*, in *Premières Communautés*, pp. 343-349.

BATTISTA C., MONTERISI L., PENNETTA L., ROMANAZZI L., SALVEMINI A. 1987, *Contributo alla conoscenza del territorio fra S. Giorgio Jonico e Sava (Taranto)*, AttiSocTosc Serie 94, serie A, pp. 175-201.

BENVENUTI A.G., METALLINOU L. 2002, *La ceramica impressa della Grecia*, in *Ceramiche impresse*, pp. 17-28.

BERNABÒ BREA L. 1962, *Il Neolitico e la prima civiltà dei metalli nell'Italia Meridionale*, AttiTaranto I, pp. 61-97.

BERNABÒ BREA M. 1978, *Nuovi scavi nei villaggi di Serra d'Alto e Tirlecchia*, AttiIIPP XX, pp. 147-158.

BERTOLANI G.B. 1996, *Lago del Rendina, sito 3*, in *Forme e tempi della Neolitizzazione*, I, pp. 295-298.

Bibliografia

BEZERRA DE MENESES 1983, *La New Archaeology: l'archeologia come scienza sociale*, DArch 1, pp. 11-19.

BIANCO S. 1983, *Il Neolitico di Contrada Cetrangolo nella valle del Cavone (Matera) (Nota preliminare)*, Studi in onore di Dinu Adamesteanu, Galatina, pp. 1-16.

BIANCO S. 1992, *Nuovi dati da Calabria, Basilicata e Puglia Meridionale*, RassA 10, pp. 509-522.

BIANCO S. 1996, *Museo Nazionale della Siritide (Policoro, Matera)*, in GRIFONI CREMONESI R., RADINA F., a cura di, *Puglia e Basilicata*, AttiUISPP XIII, 11, pp. 194-205.

BIANCO S. 2002, *Setteponti*, in *Ceramiche impresse*, pp. 685-693.

BIANCO S., CIPOLLONI SAMPÒ M. 1987, *Il Neolitico della Basilicata*, AttiIIPP XXVI, I, pp. 301-320.

BIDDITTU I., SEGRE NALDINI E. 1987, *Nota preliminare sulla ceramica neolitica della Grotta del Guardiano alla Ripagnola (Bari)*, AttiIIPP XXV, pp. 193-207.

BINFORD L.R. 1968, *Post-Pleistocene adaptations*, in BINFORD L.R.., BINFORD S.R., a cura di, *New Perspectives in Archaeology*, Chicago, pp. 313-341.

BINFORD L.R. 1972, *An Archaeological Perspective*, New York.

BLECEN C.W. 1927, *Excavations at Nemea*, AJA 31, pp. 421-440.

BRUKNER B. 1996, *Similarities and differences between Apennines and the Balkans in the development of the Early Neolithic*, in GRIFONI CREMONESI R., GUILAINE J., L'HELGOUACH J., a cura di, *The Neolithic in the Near East and Europe*, AttiUISPP XIII, pp. 85-88.

CADENAT P. 1969, *Le gisement néolithique de la Vigne Serrero*, Libyca, XVII, pp. 219-244.

CALDARA M., PENNETTA L. 2002, *L'ambiente fisico delle Murge durante il Neolitico*, in *Preistoria della Puglia*, pp. 21-26.

CARAMUTA I. 2002a, *Il villaggio neolitico di Cave Mastrodonato*, in *Preistoria della Puglia*, pp. 57-61.

CARAMUTA I. 2002b, *Lame e insediamenti neolitici nelle ricerche di Francesco Prelorenzo*, in *Preistoria della Puglia*, pp. 63-70.

CARAMUTA I., MUNTONI I. 2002, *La ceramica impressa dalle nuove ricerche al Pulo di Molfetta*, in *Preistoria della Puglia*, pp. 113-120.

CARDINI L. 1970, *Praia a Mare. Relazione degli scavi 1957-1970 dell'Istituto Italiano di Paleontologia Umana*, BPI 79, pp. 31-60.

CASSANO S.M. 1996, *Coppa Nevigata e Masseria Candelaro*, in *Forme e tempi della neolitizzazione*, pp. 533-534.

CASSANO S.M., MANFREDINI M. 1981, *Programma di ricerche in un'area campione del Tavoliere; saggio di scavo nel villaggio di Masseria Valente*, AttiDaunia 3, pp. 93-96.

CASSANO S.M., MANFREDINI M. 1987, *Nuovi dati sull'insediamento neolitico di Coppa Nevigata*, AttiIIPP XXVI, pp. 743-752.

CASSANO S.M., MANFREDINI A. 1990, *Recenti campagne di scavo a Masseria Candelaro (Manfredonia)*, AttiDaunia XI, pp. 21-25.

CASSANO S.M., MANFREDINI A. 1996, *Tavoliere*, in *Forme e tempi della neolitizzazione*, pp. 467-470.

CASSANO S.M., MUNTONI I.M. 2002, *Masseria Candelaro*, in *Ceramiche impresse*, pp. 595-600.

CASSANO S.M., CAZZELLA A., MANFREDINI M., MOSCOLONI M. 1987, *Coppa Nevigata e il suo territorio*, Roma.

Bibliografia

CASTELLETTI L., ROTTOLI M. 1998, *L'agricoltura neolitica italiana. Una sintesi delle conoscenze attuali*, in *Settemila anni fa*, pp. 15-24.

CAUVIN J. 1997, *Naissance des divinité. Naissance de l'agricolture. La Révolution des symboles au Néolithique*, trad.it. *Nascita delle divinità e nascita dell'agricoltura. La Rivoluzione dei simboli nel Neolitico*, Milano.

CAVALIER M. 1979, *Ricerche preistoriche nell'Arcipelago eoliano*, RSP XXXIV, 1-2, pp. 45-136.

CAZZELLA A. 2000, *Il processo di neolitizzazione nell'Italia centro-orientale*, in BIAGI P., a cura di, *Studi sul Paleolitico, Mesolitico e Neolitico del Bacino dell'Adriatico in ricordo di A.M. Radmilli*, Quaderno 8, Trieste, pp. 100-113.

CERAMICHE IMPRESSE - FUGAZZOLA DELPINO M.A., PESSINA A., TINÉ V., a cura di, 2002, *Le ceramiche impresse nel Neolitico antico. Italia e Mediterraneo*, Studi di Paletnologia I, Roma.

CHERRY J.F. 1990, *The first colonization of the Mediterranean island: a review of recent research*, JMA 3, pp. 145-221.

CIARANFI N., NUOVO G., RICCHETTI G. 1971, *Le argille di Taranto e di Montemesola (Studio geologico, geochimico e paleontologico)*, BollSocGeolIt 90, pp. 293-314.

CIARANFI N., PIERI P., RICCHETTI G. 1992, *Note alla carta geologica delle Murge e del Salento (Puglia centro-meridionale)*, MemSocGeolIt 41, pp. 449-460.

CIPOLLONI SAMPÒ M. 1977-1982, *Scavi nel villaggio neolitico di Rendina (1970-76). Relazione preliminare*, Origini XI, pp. 183-323.

CIPOLLONI SAMPÒ M. 1987a, *Il Neolitico antico nella valle dell'Ofanto: considerazioni su alcuni aspetti dell'area murgiana*, AttiIIPP XXV, pp. 155-168.

CIPOLLONI SAMPÒ M. 1987b, *Aspetti e problemi della cronologia del Neolitico antico in Italia meridionale: l'insediamento neolitico sull'Olivento (Valle dell'Ofanto - Basilicata)*, AttiIIPP XXVI, II, pp. 697-705.

CIPOLLONI SAMPÒ M. 1991, *L'organizzazione degli spazi all'interno degli insediamenti: le variazioni funzionali da una prospettiva archeologica*, Origini XIV, Roma, pp. 51-71.

CIPOLLONI SAMPÒ M. 1992, *Il Neolitico nell'Italia meridionale e in Sicilia*, in GUIDI A., PIPERNO M., a cura di, *Italia preistorica*, Bari, pp. 334-365.

CIPOLLONI SAMPÒ M. 2002a, *Il Neolitico dell'Italia peninsulare*, in *Storia dell'agricoltura*, pp. 173-191.

CIPOLLONI, M. 2002b, *Rendina*, in *Ceramiche impresse*, pp. 667-676.

COCCHI GENICK D. 1994, *Manuale di Preistoria*, vol. II, Firenze.

COCCHI GENICK D. 2006, *Considerazioni sull'identificazione dei modelli nella produzione artigianale*, RSP LVI, pp. 551-594.

COLLEDGE S., CONOLLY J., SHENNAN S. 2005, *The Evolution of Neolithic Farming from SW Asian Origins to NW European Limits*, EJA 8, pp. 137-156.

COPPOLA D. 1980, *Il popolamento antico e le grotte nel territorio di Martina Franca (Taranto)*, Murgia Sotterranea. Bollettino del Gruppo Speleologico Martinese, anno II, n. 2, Martina Franca, pp. 25-43.

COPPOLA D. 1981a, *Nuove ricerche nell'insediamento neolitico di Torre Canne (Fasano-Brindisi)*, RSP XXXVI, 1-2, Firenze, pp. 261-280.

COPPOLA D. 1981b, *La distribuzione degli insediamenti e delle grotte nel brindisino e nel tarantino: contributo allo studio delle origini e della diffusione della civiltà neolitica*, Lingua e Storia in Puglia, 11, pp. 73-116.

Bibliografia

COPPOLA D. 1983, *Le origini di Ostuni. Storia degli avvicendamenti culturali*, Martina Franca.

COPPOLA D. 1984, *Indagini paletnologiche su un insediamento neolitico in località Le Macchie (Polignano a Mare - Bari)*, AttiDaunia III, pp. 97-106.

COPPOLA D. 1987a, *Insediamenti neolitici nel territorio di Andria (Bari)*, AttiIIPP XXV, pp. 179-192.

COPPOLA D. 1987b, *L'insediamento neolitico di Scamuso*, AttiIIPP XXV, pp. 223-232.

COPPOLA D. 1996, *Museo di Civiltà preclassiche della Murgia meridionale di Ostuni (Brindisi)*, in GRIFONI CREMONESI R., RADINA F., a cura di, *Puglia e Basilicata*, AttiUISPP XIII, 11, pp. 138-149.

COPPOLA D. 1997, *Gli scavi 1985-1988 nel sito neolitico di Scamuso (Torre a Mare, Bari)*, in *Scamuso*, pp. 15-162.

COPPOLA D. 2001, *Grotta Sant'Angelo (Ostuni, Brindisi), scavi 1984: dalla ceramica graffita al linguaggio simbolico*, AttiSocFriuli XII, Trieste, pp. 67-126.

COPPOLA D. 2002, *Le grotte carsiche d'interesse paletnologico in Puglia: storia delle ricerche e prospettive di indagini*, AttiSpPugl III, pp. 51-62.

COPPOLA D., COSTANTINI L. 1987, *Le Néolithique Ancien littoral et la diffusion des céréales dans les Pouilles durant le VII millénaire: les sites de Fontanelle, Torre Canne et Le Macchie*, in *Premières Communautés*, pp. 249-255.

COPPOLA D., RADINA F. 1985, *Grotta della Tartaruga di Lama Giotta (Torre a Mare - Bari) e la sequenza stratigrafica del saggio A)*, Taras V, 2, pp. 229-282.

CORRADO A., INGRAVALLO E. 1988, *L'insediamento di Masseria Le Fiatte (Manduria) nel popolamento neolitico del Nord-Ovest del Salento*, SA 5, pp. 5-78.

COSTANTINI L. 2002, *Italia centro-meridionale. Il Neolitico*, in *Storia dell'agricoltura*, pp. 221-224.

COSTANTINI L., STANCANELLI M. 1994, *La preistoria agricola dell'Italia centro-meridionale: il contributo delle indagini archeobotaniche*, Origini 18, pp. 149-244.

COSTANTINI L., TOZZI C. 1987, *Un gisement à céramique imprimée dans le subapennin da la Daunia (Lucera, Foggia): le village de Ripa Tetta. Economie et culture matérielle*, in *Premières Communautés*, pp. 387-394.

COTECCHIA V., MAGRI G. 1967, *Gli spostamenti delle linee di costa quaternarie del Mare Ionio fra Capo Spulico e Taranto*, GeolApplIdrog 2, pp. 1-33.

CREMANTE G., STORTI C. 1997, *Indagini strumentali e osservazioni tecnologiche su campionature qualificate di ceramiche neolitiche di provenienza italiana a confronto di ceramiche di Tessaglia, Macedonia e Creta*, in *Scamuso*, pp. 255-324.

CREMONESI G. 1979, *Il Neolitico e l'inizio dell'età dei metalli nel Salento*, in *Puglia*, pp. 94-121.

CREMONESI G. 1991, *Osservazioni su alcune strutture in abitati neolitici dell'Italia meridionale*, Origini XIV, pp. 83-99.

CREMONESI G., GUILAINE J. 1987, *L'habitat de Torre Sabea (Gallipoli, Puglia) dans le cadre du Nèolithique Ancien de l'Italie du Sud-Est. Premières communautès paysannes en Méditerranée occidentale*, in *Premières communautés*, pp. 377-385.

CURCI A. 2002, *Prato Don Michele*, in *Ceramiche impresse*, pp. 549-557.

DAI PRA G., HEARTY P.J. 1988, *I livelli marini pleistocenici del Golfo di Taranto. Sintesi geocronostratigrafica e tettonica*, MemSocGeolIt 41, pp. 637-644.

DAI PRA G., STEARNS C.E. 1977, *Sul Tirreniano di Taranto. Datazioni su Coralli con il metodo del Th230/U234*, Geologica Romana, 16, pp. 231-242.

Bibliografia

DAMATO A. 1994, *Gli insediamenti neolitici di Rutigliano*, Fasano.

DE JULIIS E. 1972, *Scavo di una capanna preistorica in località Casone (S. Severo, Foggia)*, RSP 27, pp. 117-142.

DE JULIIS E. 1975, *Gli scavi del villaggio di contrada Casone presso S. Severo (Foggia)*, Civiltà preistoriche e protostoriche della Daunia, Firenze, pp. 122-129.

DE JULIIS E. 1985, *Un quindicennio di ricerche archeologiche in Puglia : 1970-1984. Parte II: 1978-84*, Taras V, 2, pp. 177-228.

DE MARCO A., MORESI M., NUOVO G. 1981, *Le argille dei bacini di Taranto e di Grottaglie-Montemesola: caratteri granulometrici, mineralogici e chimici*, Rendiconti della Società Italiana di Mineralogia e Petrografia, 37, Milano, pp. 241-266.

DI LERNIA S. 1995a, *Processi di formazione del deposito e analisi spaziale. Analisi spaziale dell'industria litica. Distribuzione e correlazioni*, in *Terragne*, pp. 73-86.

DI LERNIA S. 1995b, *Produzione artigianale e processi di neolitizzazione. Analisi tecno-tipologica dell'industria litica di Terragne*, in *Terragne*, pp. 123-158.

DI LERNIA S. 1996, *Tradizione mesolitica e caratteri autonomi dell'industria litica dell'insediamento neolitico di Terragne*, in *Forme e tempi della neolitizzazione*, pp. 60-78.

DI LERNIA S., FIORENTINO G. 1995, *Processi di formazione del deposito e analisi spaziale. Il sito e la serie stratigrafica: inquadramento generale, problemi e linee metodologiche*, in *Terragne*, pp. 23-36.

DINI M., MASTRONUZZI G., SANSÒ P. 1996, *Le dune costiere oloceniche della Puglia meridionale: dati morfologici, radiometrici ed archeologici. Territorio e società nelle aree meridionali*, Bari.

DRAGO C. 1932, *Contributo alla carta archeologica della Puglia*, Taras VII, 5.

DRAGO C. 1956, *Il Museo Nazionale di Taranto - Sezione preistorica e protostorica*, Roma.

ELIADE M. 2004, *Immagini e simboli*, Milano.

FACCHINI F. 1998, *Il simbolismo nell'uomo preistorico. Aspetti ermeneutici e manifestazioni*, RSP XLIX, Firenze, pp. 651-671.

FACCHINI F. 2002, *Le origini dell'uomo e il simbolismo*, in SPINETO N., a cura di, *I simboli nella storia dell'uomo*, Milano, pp. 15-26.

FEDELE B. 1966, *Insediamenti preclassici lungo la via Appia antica in Puglia*, ArchStPugl I-IV.

FEDELE B. 1972, *Insediamenti neolitici a sud-est di Taranto*, ArchStPugl I-II, pp. 127-190.

FEDELE B. 1988, *Le Conche. Archeologia e cultura di un insediamento neolitico*, Bari.

FEDELE B. 1992, *Dalle origini alla prima metà dell'VIII secolo a.C.*, in FEDELE B., ALESSIO A., DEL MONACO O., a cura di, *Archeologia, Civiltà e Culture nell'area ionico-tarantina*, Fasano, pp. 9-160.

FIORENTINO G. 1995, *Analisi dei macroresti vegetali*, in *Terragne*, pp. 171-183.

FIORENTINO G. 1999, *Caratteristiche della vegetazione e abitudini alimentari durante la Preistoria*, in *Isole Chéradi*, pp. 69-78.

FIORENTINO G. 2002a, *Il paleoambiente e le variazioni della vegetazione in Puglia all'inizio dell'Olocene*, in *Preistoria della Puglia*, pp. 27-34.

FIORENTINO G. 2002b, *I più antichi agricoltori ed i processi di sfruttamento delle risorse vegetali*, in *Preistoria della*

Bibliografia

Puglia, pp. 221-225.

FIORENTINO G., MUNTONI I.M., RADINA F. 2000, *La neolitizzazione delle Murge baresi: ambienti, insediamenti e attività produttive*, in *Neolitizzazione*, pp. 381-412.

FORME E TEMPI DELLA NEOLITIZZAZIONE - TINÉ V., a cura di, 1996, *Forme e tempi della Neolitizzazione in Italia meridionale ed in Sicilia*, Catanzaro.

FORNI G. 1997, *L'origine dell'agricoltura: ipotesi e concezioni vecchie e nuove a confronto*, Rivista di Storia dell'Agricoltura, XXXVII, 1, pp. 231-253.

GALIBERTI A. 2002, *Defensola*, in *Ceramiche impresse*, pp. 559-568.

GAMBASSINI P., PALMA DI CESNOLA A. 1967, *Resti di villaggi neolitici a ceramiche impresse a Trinitapoli (Foggia)*, RSP XXII, 2, pp. 331-348.

GENIOLA A. 1979, *Il Neolitico nella Puglia settentrionale e centrale,* in *Puglia,* pp. 52-93.

GENIOLA A., PONZETTI F.M. 1987, *Ricerche sul Neolitico delle Murge altamurane,* AttiIIPP XXV, pp. 209-221.

GIAMPIETRI A. 1996, *Torre Sabea, Trasano, Ripa Tetta e Santo Stefano*, in *Forme e tempi della neolitizzazione*, pp. 327-329.

GIANNITRAPANI E. 1996, *La neolitizzazione della Sicilia: nuovi spunti metodologici ed interpretativi*, in *Forme e tempi della neolitizzazione*, pp. 471-483.

GORGOGLIONE M.A. 1975, *Nota preliminare sull'insediamento neolitico di Torre Borraco (Taranto)*, Studi in memoria di P. Adiuto Putignani, Bari, pp. 17-28.

GORGOGLIONE M.A. 1986a, *Aspetti di civiltà delle grotte nel canale di S. Martino in territorio di Avetrana-Taranto*, Itinerari Speleologici, 3, pp. 298-299.

GORGOGLIONE M.A. 1986b, *Sezione preistorica. La documentazione preistorica e protostorica in Puglia 100.000-700 a.C.*, Il Museo Nazionale di Taranto, Milano.

GORGOGLIONE M.A. 1987, *Leporano (Taranto). Gandoli*, Taras VII, pp. 99-100.

GORGOGLIONE M.A. 1988, *Manduria (Taranto), Terragne*, Taras VIII, 1-2, pp. 75-76.

GORGOGLIONE M.A. 1989, *Taranto, Croce*, Taras IX, 1-2, p. 149.

GORGOGLIONE M.A. 1990, *Manduria (Taranto). Le Fiatte*, Taras X, 2, p. 283.

GORGOGLIONE M.A. 1991a, *Manduria (Taranto), Terragna*, Taras XI, 2, p. 212.

GORGOGLIONE M.A. 1991b, *Taranto, Convento di S. Domenico, Chiostro*, Taras XI, 2, p. 228-230.

GORGOGLIONE M.A. 1992, *Montemesola (Taranto), Masseria Era*, Taras XII, 2, pp. 215-216.

GORGOGLIONE M.A. 1994a, *Taranto. Risultati di datazioni al C14 dagli insediamenti preistorici sul Golfo di Taranto*, Taras XIV, 1, pp. 222-224.

GORGOGLIONE M.A. 1994b, *Taranto, Capo Rondinella*, Taras XIV, 1, pp. 41-43.

GORGOGLIONE M.A. 1994c, *Avetrana (Taranto), Grotta dell'Erba*, Taras XIV, 1, pp. 43-44.

GORGOGLIONE M.A. 1995a, *Presenze archeologiche nel territorio di Manduria*, in *Terragne*, Manduria, pp. 1-6.

GORGOGLIONE M.A. 1995b, *Terragne. L'insediamento e lo scavo*, in *Terragne*, pp. 7-22.

Bibliografia

GORGOGLIONE M.A. 1995c, *Produzione artigianale e processi di neolitizzazione. Il sito ed i processi di neolitizzazione dell'area*, in *Terragne*, pp. 108-122.

GORGOGLIONE M.A. 1996, *La distribuzione topografica dei villaggi sul Golfo di Taranto*, in *Forme e tempi della neolitizzazione*, pp. 125-129.

GORGOGLIONE M.A. 1998a, *Il sito di Terragne ed i processi di Neolitizzazione sul golfo ionico*, AttiUISPP XIII, III, pp. 563-566.

GORGOGLIONE M.A. 1998b, *The Neolithization process in the gulf of Taranto: the site of Terragne (Manduria, Taranto)*, AttiUISPP XIII, III, pp. 573-577.

GORGOGLIONE M.A. 1999, *La topografia del Mar Grande nell'Olocene*, in *Isole Chéradi*, pp. 61-68.

GORGOGLIONE M.A. 2002, *Il territorio di Taranto*, in *Ceramiche impresse*, pp. 775-781.

GRAVINA A. 1983, *Le comunità neolitiche di Coppa Pallante*, AttiDaunia 5, pp. 37-58.

GRAVINA A. 1985, *Pian Devoto. Un insediamento neolitico della Daunia*, AttiDaunia 7, pp. 65-88.

GRAVINA A. 1987, *Masseria Santa Giusta. Un insediamento del Neolitico antico nella Daunia*, AttiDaunia 9, pp. 29-58.

GRAVINA A. 1990, *Coppa Pocci. La frequentazione nel neolitico antico e medio*, AttiDaunia 12, pp. 49-62.

GRAVINA A. 1991, *Considerazione su ambiente, popolamento e territorio nell'ambito di alcune fasi del processo di neolitizzazione della Daunia*, AttiDaunia 13, pp. 83-93.

GRIFONI CREMONESI R. 1987, *Storia delle teorie relative al Neolitico in Italia*, AttiIIPP XXVI, pp. 11-20.

GRIFONI CREMONESI R. 1996a, *La Neolitizzazione dell'Italia. I - Italia Centro Meridionale*, AttiUISPP XIII, pp. 69-79.

GRIFONI CREMONESI R. 1996b, *Torre Sabea, Trasano, Ripa Tetta, Santo Stefano*, in *Forme e tempi della neolitizzazione*, pp. 207-213.

GRIFONI CREMONESI R. 1999, *Il Neolitico Antico nella fascia peninsulare adriatica*, in *Settemila anni fa*, pp. 59-69.

GRIFONI CREMONESI R., TOZZI C. 1996, *Torre Sabea, Trasano, Ripa Tetta*, in *Forme e tempi della Neolitizzazione*, pp. 442-448.

GUERRICCHIO A., MELIDORO G. 1986, *Problematiche di geologia applicata lungo la fascia costiera ionica del Golfo di Taranto*, Evoluzione dei litorali. Problematiche relative al Golfo di Taranto, Roma, pp. 263-294.

GUILAINE J. 1975, *Il Neolitico iniziale nell'Occidente mediterraneo*, Atti del Colloquio Internazionale di Preistoria e Protostoria della Daunia, Firenze, pp. 167-187.

GUILAINE J. 1994, *Trasano (comm. De Matera): l'etablissement néolithique*, MEFRA 106, pp. 480-484.

GUILAINE J. 1998, *Aspects de la néolithisation en Méditerranée et en France*, in AMMERMAN A., BIAGI P., a cura di, *The Neolithic Transition in Europe : Looking Back, Looking Forward*, Cambridge.

GUILAINE J. 2000, *De l'Orient a l'Occident: la neolithisation de la Méditerranée: questions ouvertes*, in *Neolitizzazione*, pp. 11-21.

GUILAINE, J., VAN BERG P.L., a cura di, 2006, *La Néolithisation / The Neolithisation Process*, AttiUISPP XIV, Symposium 9.2.

INGRAVALLO E. 1995, *L'industria litica dell'insediamento neolitico di S. Anna (Oria, Brindisi)*, SA 8,1, pp. 161-170.

Bibliografia

INGRAVALLO E., TIBERI I. 2006, *Circolazione di modelli e di idee nel Neolitico pugliese*, AttiIIPP XXXIX, II, pp. 1037-1048.

ISOLE CHÉRADI - MASTRONUZZI G., MARZO P., a cura di, 1999, *Le Isole Chéradi fra natura, leggenda e storia*, Taranto.

JONES G.D.B. 1987, *Apulia I. Neolithic Settlement in the Tavoliere*, The Society of Antiquaries of London, London.

KRUTA V., LIČKA M. 2001, *Prime terrecotte dal cuore dell'Europa. Ceramiche dei cacciatori e dei primi agricoltori di Boemia e Moravia 27000-4000 a.C.*, Catalogo della Mostra, Sceaux Cedex.

KUNZE E. 1931, *Orchomenos II. Die neolithische Keramik*, München.

LACARBONARA M., LADDOMADA S. 2002, *La carta speleo-carsica ed archeologica del territorio di Martina Franca (Taranto)*, AttiSpPugl III, pp. 93-100.

LANGELLA M. 1996, *Basso Tavoliere*, in *Forme e tempi della neolitizzazione*, pp. 330-334.

LAPLACE G. 1964, *Essai de typologie sistématique*, AnnFerrara, n.s., sez. XV, suppl. II, pp. 1-85.

LAVIANO R., MUNTONI I. 2006, *Materie prime e scambi nella produzione ceramica del Neolitico apulo: il contributo delle analisi archeometriche*, AttiIIPP XXXIX, II, pp. 1023-1036.

LAZAROVICI G. 1996, *The Process of Neolithisation and the Development of the First Neolithic Civilisation in the Balkans*, AttiUISPP XIII, pp. 21-38.

LEPORE L. 1990, *Manduria (Taranto). Li Castelli*, Taras X, 2, pp. 393-394.

LEPORE L. 1991, *Manduria (Taranto). Li Castelli*, Taras XI, 2, pp. 289-291.

LONGO L., ISOTTA C.L. 2007, *Trapezi simmetrici concavi: ricostruzione tecnologica e ipotesi di utilizzo dei complessi del Neolitico antico*, RSP LVII, pp. 103-112.

LO PORTO F.G. 1978, *La preistoria del materano alla luce delle ultime ricerche*, AttiIIPP XX, pp. 275-292.

LO PORTO F.G. 1998, *Grotte preistoriche del Materano*, BPI 89, pp. 291-337.

LORUSSO P. 2006, *L'industria litica dell'insediamento neolitico di Montedoro (Grottaglie, Taranto)*, AnnBari XLVIII, 2005, pp. 5-22.

LORUSSO P. 2007, *Settlement and Territory in the Early and Middle Apulo-Lucan Neolithic (Southeast Italy): a Geoarchaeological Approach*, in WILSON L., DICKINSON P., JEANDRON J., eds., *Reconstructing Human-Landscape Interactions*, Proceedings of the Developing International Geoarchaeology Conference, Saint John, New Brunswick, Oct. 21-23, 2005, Newcastle, Cambridge Scholars Publishing, pp. 159-176.

MAKKAY J. 1998, *I primi agricoltori dell'Europa sud-orientale e il Neolitico del Bacino dei Carpazi*, in *Settemila anni fa*, pp. 35-54.

MALLEGNI F., USAI L. 1996, *Ipotesi sul popolamento umano dell'Italia centro-meridionale nel Neolitico*, in *Forme e tempi della neolitizzazione*, pp. 487-498.

MALLORY J.P. 1984-1987, *Lagnano da Piede I - An Early Neolithic village in the Tavoliere*, Origini XIII, pp. 193-290.

MANFREDINI A. 1972, *Il villaggio trincerato di Monte Aquilone nel quadro del Neolitico dell'Italia meridionale*, Origini VI, pp. 29-153.

MANFREDINI A. 1991a, *Scelte ambientali e sperimentazione agricola nelle aree costiere mediterranee*, Origini XIV, pp. 229-252.

MANFREDINI A. 1991b, *Strutture abitative nel Neolitico Meridionale Adriatico*, AttiDaunia 13, pp. 73-82.

Bibliografia

MANFREDINI A. 2002a, *L'ambiente e il popolamento*, in *Ceramiche impresse*, pp. 167-181.

MANFREDINI A. 2002b, *Coppa Nevigata*, in *Ceramiche impresse*, pp. 589-594.

MANFREDINI A., CAZZELLA A., MOSCOLONI M. 1996, *Coppa Nevigata (Manfredonia, Foggia)*, in GRIFONI CREMONESI R., RADINA F., a cura di, *Puglia e Basilicata*, AttiUISPP XIII, 11, pp. 26-37.

MARCONI N., MUNTONI I. 2000, *La sequenza ceramica nel sito di Masseria Candelaro (Foggia): analisi quantitativa delle forme in relazione alle strutture dell'abitato*, in *Neolitizzazione*, pp. 451-473.

MARGUERON J.C. 1993, *La Mesopotamia*, Bari.

MARINO D. 1996, *Calabria centro-meridionale ionica*, in *Forme e tempi della neolitizzazione*, pp. 367-370.

MARTINELLI M.C. 1983, *Nuove stazioni neolitiche in Terra di Bari*, AttiDaunia 5, pp. 59-66.

MARTINELLI M.C. 1990, *Industrie litiche di alcuni siti neolitici della Dalmazia e loro raffronti con contemporanee industrie dell'Italia sud-adriatica e delle isole Eolie*, RassA 9, pp. 125-152.

MARTINELLI M.C. 2002a, *L'attrezzatura da lavoro in pietra dai livelli del Neolitico Antico del Pulo di Molfetta*, in *Preistoria della Puglia*, pp. 121-125.

MARTINELLI M.C. 2002b, *La strumentazione in pietra nelle fasi più antiche del Neolitico nella Puglia centrale*, in *Preistoria della Puglia* , pp. 195-208.

MARTINI F. 1996, *I complessi pre-neolitici in Italia meridionale: processi di differenziazione delle industrie litiche*, in *Forme e tempi della neolitizzazione*, pp. 35-47.

MARTINI F., a cura di, 2007, *L'Italia tra 15.000 e 10.000 anni fa. Cosmopolitismo e regionalità nel Tardoglaciale*, Millenni. Studi di archeologia preistorica, 5, Firenze.

MARTINIS B. 1970, *Osservazioni sulla struttura di S. Giorgio Jonico (Taranto)*, Accademia Nazionale dei Lincei, Rend. Cl. Sc. Fis. Mat., 8, 48.

MARTINIS B., ROBBA E. 1971, *Note illustrative della Carta Geologica d'Italia, Foglio 202, Taranto*.

MASTRANGELO P., PASSERI L. 1975, *Sedimenti calcareo-argillosi e biolititi a serpulidi nel Mar Piccolo di Taranto*, BollSocGeolIt 94, pp. 2019-2046.

MASTRONUZZI G., SANSÒ P. 1999, *Morfologia e genesi*, in *Isole Chéradi*, pp. 53-60.

MASTRONUZZI G., PALMENTOLA G., SANSÒ P. 1999, *La storia geologica*, in *Isole Chéradi*, pp. 31-41.

MILLS L.T. 1987, *The neolithic of Southern France*, in SCARRE R. (ed.), *Ancient France*, Edinburgh, pp. 91-145.

MOSCOLONI M., 1992, *Sviluppi culturali neolitici nella penisola italiana*, in CAZZELLA A., MOSCOLONI M., a cura di, PCIA, vol. 11, pp. 9-348.

MORTER J. 2002, *Capo Alfiere*, in *Ceramiche impresse*, pp. 727-736.

MOSSO A. 1910, *La necropoli neolitica di Molfetta*, MAL XX, coll. 5-120.

MÜLLER J. 1988, *Cultural Definition of the Early Neolithic and its interaction in the Eastern Adriatic*, Berytus XXXVI, pp. 101-125.

MUNTONI I.M. 1996, *Coppa Nevigata e Masseria Candelaro*, in *Forme e tempi della neolitizzazione*, pp. 269-276.

MUNTONI I.M. 2002a, *Gli insediamenti del basso corso ofantino*, in *Preistoria della Puglia*, pp. 43-49.

MUNTONI I.M. 2002b, *Materie prime, forme e decorazioni nella produzione ceramica del villaggio neolitico di*

Bibliografia

Balsignano, in *Preistoria della Puglia*, pp. 159-165.

NATALI E., TINÉ S. 2002, *Guadone*, in *Ceramiche impresse*, pp. 569-577.

NATALI E., TINÉ V. 2002, *Favella*, in *Ceramiche impresse*, pp. 707-723.

NAVA M.L. 1982, *Villaggi neolitici nel Tavoliere meridionale*, Taras II, 1-2, pp. 171-176.

NAVA M.L. 2002, *Serra dei Canonici*, in *Ceramiche impresse*, pp. 677-684.

NEGLIA L. 1978, *Manduria. Masseria Camparelle. Stazione neolitica*, Notiziario Topografico Pugliese-Ricerche e studi, vol. II, pp. 139-145.

NEOLITIZZAZIONE - PESSINA A., MUSCIO G., a cura di, 2000, *La Neolitizzazione tra Oriente e Occidente*, Atti del Convegno di Studi, Udine.

NICOLETTI F. 1997, *Il commercio preistorico dell'ossidiana nel Mediterraneo ed il ruolo di Lipari e Pantelleria nel più antico sistema di scambio*, in TUSA S., a cura di, *Prima Sicilia, Alle origini della società siciliana*, vol. I, Palermo, pp. 258-269.

ORLANDO M.A. 1996a, *Samari*, in *Forme e tempi della neolitizzazione*, pp. 123-124.

ORLANDO M.A. 1996b, *Samari*, in *Forme e tempi della neolitizzazione*, pp. 290-294.

ORLANDO M.A. 2002, *Samari*, in *Ceramiche impresse*, pp. 641-650.

ÖZBEK O. 1998, *A commentary on the prehistoric settlement patterns in Anatolia*, AttiUISPP XIII, pp. 525-532.

PASTORE M. 1993, *Mar Piccolo*, Nuova Editrice Apulia, Martina Franca (Taranto).

PAVÚK J. 1996, *Frühneolitische Kulturen auf dem Zentralbalkan und der Beginn des Neolithikums in Mitteleuropa*, AttiUISPP XIII, pp. 39-44.

PERRINO P., HAMMER K., LAGHETTI G., MARGIOTTA B., CIFARELLI S., FIORENTINO G. 2000, *Farro in Italia meridionale: dal Neolitico ai tempi moderni*, in *Neolitizzazione*, pp. 425-438.

PÉTREQUIN P. 1994, *Abitare nell'Europa dei primi agricoltori*, in GUILAINE J., SETTIS S. (a cura di), *Storia d'Europa*, vol. II, 1, Torino, pp. 281-308.

PREISTORIA DELLA PUGLIA - RADINA F., a cura di, 2002, *La Preistoria della Puglia. Paesaggi, uomini e tradizioni di 8.000 anni fa*, Bari.

PREMIERES COMMUNAUTES - GUILAINE J., COURTIN J., ROUDIL J.L., VERNET J.L., a cura di, 1987, *Premières Communautés Paysannes en Méditerranée Occidentale*, CNRS, Paris.

PRENDI F. 2000, *Il Neolitico in Albania*, in *Neolitizzazione*, pp. 53-54.

PUGLIA - FONSECA C.D., a cura di, 1979, *La Puglia dal Paleolitico al Tardoromano*, Milano.

QUAGLIATI Q. 1900, *Relazione degli scavi archeologici che si eseguirono nel 1899 in un abitato terramaricolo allo Scoglio del Tonno presso la città*, Accademia dei Lincei, Notizie degli Scavi di Antichità, pp. 411-464.

QUAGLIATI Q. 1906, *Tombe neolitiche in Taranto e nel suo territorio*, BPI XXXII, pp. 48-49.

QUAGLIATI Q. 1936, *La Puglia preistorica*, Documenti e Monografie, XX, Bari.

RADI G. 2002a, *Torre Sabea*, in *Ceramiche impresse*, pp. 651-658.

RADI G. 2002b, *Trasano*, in *Ceramiche impresse*, pp. 695-705.

Bibliografia

RADI G., GRIFONI CREMONESI R. 1996, *Trasano (Matera)*, in GRIFONI CREMONESI R., RADINA F., a cura di, *Puglia e Basilicata*, AttiUISPP XIII, 11, pp. 230-241.

RADI G., VEROLA L. 1996, *Torre Sabea, Trasano, Ripatetta e Santo Stefano*, in *Forme e tempi della neolitizzazione*, pp. 255-264.

RADI G., GUILAINE J., CREMONESI G., COULAROU J. 2000, *Trasano e la Ceramica Impressa nel Materano*, in *Neolitizzazione*, pp. 439-450.

RADINA F. 1981, *Le Macchie: lo scavo e i materiali*, AttiDaunia 3, pp. 113-122.

RADINA F. 1999, *Polignano a Mare (Bari). Le Macchie*, Taras XIX, 1, pp. 32-33.

RADINA F. 2002a, *Per un progetto di salvaguardia del Neolitico Antico sulle Murge pugliesi*, in *Preistoria della Puglia*, pp. 1-18.

RADINA F. 2002b, *Il Neolitico nella Sezione preistorica dell'Antiquarium di Canne*, in *Preistoria della Puglia*, pp. 35-41.

RADINA F. 2002c, *Il Neolitico a Grotta Santa Croce*, in *Preistoria della Puglia*, pp. 77-83.

RADINA F. 2002d, *Le ricerche archeologiche nell'insediamento neolitico del Pulo di Molfetta*, in *Preistoria della Puglia*, pp. 101-112.

RADINA F. 2002e, *L'insediamento di Balsignano*, in *Preistoria della Puglia*, pp. 143-157.

RADINA F. 2002f, *Balsignano*, in *Ceramiche impresse*, pp. 627-640.

RADINA F. 2006, *Rapporti e scambi tra le più antiche comunità neolitiche della Puglia sulla base dell'indicatore ceramico*, AttiIIPP XXXIX, II, pp. 1049-1060.

RADINA F., a cura di, 2007, *Natura, Archeologia e Storia del Pulo di Molfetta*, Bari.

RADINA F., RONCHITELLI A.M. 2002, *Grotta Santa Croce*, in *Ceramiche impresse*, pp. 601-613.

RADINA F., SARTI L. 2002, *Le strutture di abitato*, in *Ceramiche impresse*, pp. 183-208.

RELLINI U.A. 1934, *La più antica ceramica dipinta in Italia*, Roma.

RENAULT-MISKOVSKY J., BUI THI MAI M. 1997, *Étude pollinique du site néolithique de Scamuso (Bari, Italie)*, in *Scamuso*, pp.185-197.

RENFREW C. 1986, *Interazione fra comunità paritarie e formazione dello stato*, DArch 1, pp. 27-33.

RICCHETTI G. 1970, *Nuove osservazioni sui depositi plio-pleistocenici nei dintorni di Taranto*, BollSocGeolIt 89, pp. 3-10.

RICCHETTI G. 1980, *Contributo alla conoscenza strutturale della Fossa Bradanica e delle Murge*, BollSocGeolIt 99, pp. 421-430.

RIDOLA D. 1926, *Le grandi trincee preistoriche di Matera*, BPI XLIV-XLVI, pp. 97-122; 85-98; 134-174.

RODDEN R. 1962, *Excavations at the Early Neolithic Site at Nea Nikomedeia, Greek Macedonia (1961 Season)*, PPS 28, pp. 267-288.

RONCHITELLI A. 1987, *Coppa Nevigata (scavi 1983): nuove osservazioni sull'industria litica*, AttiIIPP XXVI, pp. 753-760.

RONCHITELLI A. 1996, *Lago del Rendina, sito 3*, in *Forme e tempi della neolitizzazione*, pp. 338-351.

Bibliografia

Russo V. 1967, *Pozzo delle Capre*, RSP XXII, 1, p. 50.

Russo G., Tarentini P. 1980-87, *Uggiano Montefusco, fraz. di Manduria (Taranto). Loc. S. Maria di Bagnolo, Masseria Le Fiatte: villaggio neolitico*, Ricerche e Studi. Quaderni del Museo Archeologico Provinciale *F. Ribezzo* di Brindisi, XIII, pp. 265-266.

Sanlaville P. 1997, *Paléoenvironnement et sociétés humaines au MoyenOrient de 20 000 BP à 6 000 BP*, Paléorient 23, 2, pp. 7-270.

Santoro D. 1998, *Nuova analisi della distribuzione del Neolitico nel comprensorio altamurano*, Altamura - Bollettino dell'Archivio Biblioteca Museo Civico, n. 39, pp. 7-41.

Scamuso - Biancofiore F., Coppola D., a cura di, 1997, *Scamuso: per la storia delle comunità umane tra il VI ed il III millennio nel Basso Adriatico*, Roma.

Senatore M.R. 1987, *Caratteri sedimentari e tettonici di un bacino di Avanfossa. Il Golfo di Taranto*, MemSocGeolIt 38, pp. 177-204.

Senatore M.R., Mirabile L., Pescatore T., Tramutoli M. 1980, *La piattaforma continentale del settore nord-orientale del Golfo di Taranto (Piattaforma Pugliese)*, GeolApplIdrog 15, pp. 33-50.

Settemila anni fa - Pessina A., Muscio G., a cura di, 1998, *Settemila anni fa il primo pane. Ambienti e culture delle società neolitiche*, Catalogo della mostra, Udine.

Spataro M. 2002, *The First Farming Communities of the Adriatic: Pottery Production and Circulation in the Early and Middle Neolithic*, Società per la Preistoria e Protostoria della Regione Friuli-Venezia Giulia, Quaderno 9, Trieste.

Spataro M. 2004, *Differences and similarities in the pottery production of the Early Neolithic Starčevo-Criş and Impressed Ware Cultures*, RSP LIV, pp. 321-335.

Spineto N. 2002, *I simboli nella storia dell'uomo*, Milano.

Starnini E. 1998, *Le industrie litiche delle prime culture agricole dell'Ungheria*, in *Settemila anni fa*, pp. 55-58.

Starnini E. 2000, *Aspects of the Körös Culture lithic industry: the assemblage from Endrod 119 (Hungary): a preliminary report. The Turdas Culture, Definition and Interferences*, Proceedings of the International Symposium, Deva

Starnini E. 2002, *La ceramica impressa dell'Adriatico orientale e dei Balcani*, in *Ceramiche impresse*, pp. 29-35.

Starnini E., Voytek B.A. 1996, *Favella*, in *Forme e tempi della neolitizzazione*, pp. 354-360.

Storia dell'agricoltura - Forni G., Marcone A., a cura di, 2002, *Storia dell'agricoltura italiana, I.1. Preistoria*, Firenze.

Striccoli R. 2002, *L'insediamento neolitico di Carrara San Francesco*, in *Preistoria della Puglia*, pp. 87-92.

Tagliacozzo A. 2002, *L'allevamento e l'alimentazione di origine animale tra il Neolitico e l'età dei metalli: i dati archeozoologici*, in *Storia dell'agricoltura*, pp. 247-260.

Terragne - Gorgoglione M.A., Di Lernia S., Fiorentino G., a cura di, 1995, *L'insediamento preistorico di Terragne (Manduria, Taranto). Nuovi dati sul processo di neolitizzazione nel sud-est italiano*, Manduria (Taranto).

Theocharis D.R. 1956, *Nea Makri. Eine grosse neolithische Siedlung in der Nähe von Marathon*, AM 71, pp. 1-29.

Theocharis D.R. 1973, *Νεολιθικη Ελλας*, Atene.

Tiné S. 1983, *Passo di Corvo e la civiltà neolitica del Tavoliere*, Genova.

Tiné S. 1987, *La Néolithisation des Pays Adriatiques*, in *Premières Communautés*, pp. 335-341.

TINÉ S., BERNABÒ BREA M. 1980, *Il villaggio neolitico del Guadone di S. Severo (Foggia)*, RSP XXXV, 1-2, pp. 45-79.

TINÉ V. 2002, *Le facies a ceramica impressa dell'Italia meridionale e della Sicilia*, in *Ceramiche impresse*, pp. 131-165.

TINÉ V., NATALI E. 1996, *Favella*, in *Forme e tempi della neolitizzazione*, pp. 299-314.

TINÉ V., NATALI E., STARNINI E. 2000, *Il villaggio del Neolitico antico I di Favella (Cosenza)*, in *Neolitizzazione*, pp. 475-488.

TOZZI C. 1984a, *Un villaggio a ceramica impressa da Ripa Tetta (Lucera). Ricerche preliminari*, Taras IV, 1-2, pp. 155-160.

TOZZI C. 1984b, *Contributo alla conoscenza del villaggio neolitico di Ripa Tetta (Lucera)*, AttiDaunia 6, pp. 11-19.

TOZZI C. 2002, *Ripa Tetta*, in *Ceramiche impresse*, pp. 579-588.

TOZZI C., TASCA G. 1989, *Il villaggio neolitico di Ripa Tetta. I risultati delle ricerche 1988*, AttiDaunia X, pp. 39-54.

TOZZI C., VEROLA M.L. 1990, *La campagna di scavo 1990 a Ripatetta (Lucera, Foggia)*, AttiDaunia 12, pp. 37-48.

TUNZI SISTO A.M. 1992, *S. Ferdinando di Puglia (Foggia), Brancalanza*, Taras XII, 2, pp. 209-211.

TUNZI SISTO A.M. 1996, *Basso Tavoliere*, in *Forme e tempi della neolitizzazione*, pp. 267-268.

TUNZI SISTO A.M. 2002, *Il territorio dauno*, in *Ceramiche impresse*, pp. 767-773.

VALENTINI V., VALENTINI G.B. 1998, *Le gravine del Tarantino. Origini natura storia*, Nuova Editrice Apulia, Martina Franca (Taranto).

VENTURA V. 1997, *Grotta delle Veneri (Parabita). La Ceramica*, in INGRAVALLO E., a cura di, *La passione dell'origine. Giuliano Cremonesi e la ricerca preistorica nel Salento*, Lecce, pp. 198-220.

WEINBERG S.S. 1962, *Excavations at prehistoric Elateia, 1959*, Hesperia 31, pp. 158-209.

WHITEHOUSE R. 1987, *The first farmers in the Adriatic and their position in the Neolithic of the Mediterranean*, in *Premières Communautés*, pp. 335-341.

WILKENS B. 2002, *Gli animali del Neolitico Antico nella Puglia centrale*, in *Preistoria della Puglia*, pp. 215-219.

ZERVOS C. 1962, *Naissance de la Civilization en Grèce*, vol. I, Parigi.

ZERVOS C. 1963, *Naissance de la Civilization en Grèce*, vol. II, Parigi.

ZVELEBIL M. 1986, *Mesolithic prelude and neolithic revolution*, in ZVELEBIL M., a cura di, *Hunters in transition*, Cambridge, pp. 5-15.

FIGURE

* Gli originali delle figure inedite sono depositati presso l'Archivio fotografico del Dipartimento di Beni Culturali e Scienze del Linguaggio, Cattedra di Civiltà Preclassiche, Università degli Studi di Bari.

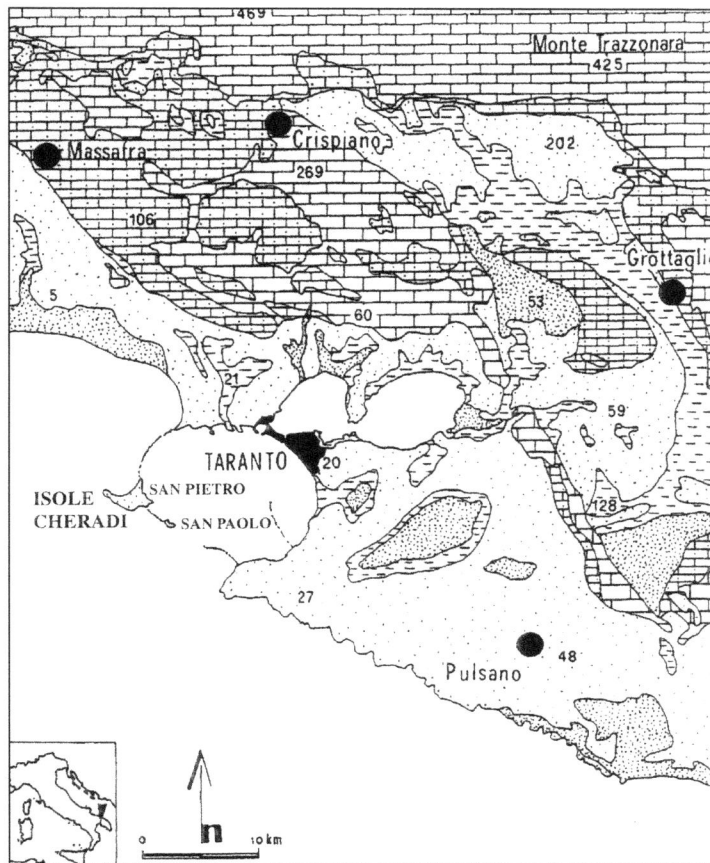

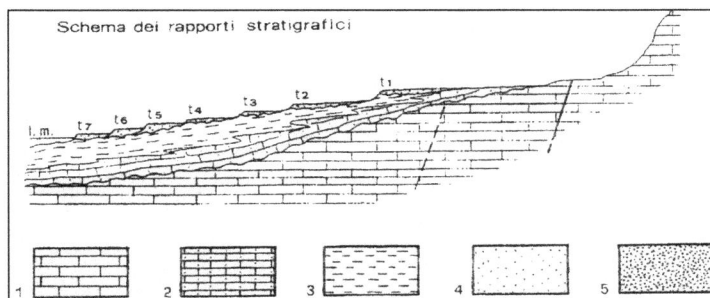

Fig. 1 - Schema geologico dell'area ionico-tarantina: 1. Calcare di Altamura (Cretaceo superiore); 2. Calcareniti di Gravina (Pliocene medio - Pleistocene inferiore); 3. Argille subappennine (Pliocene superiore - Pleistocene inferiore - medio); 4. Depositi calcarenitici tipo "panchina" dei terrazzi marini (Pleistocene medio e superiore); 5. Depositi alluvionali e depositi di spiaggia (Pleistocene superiore - Olocene) (da MASTRONUZZI *et al.* 1999).

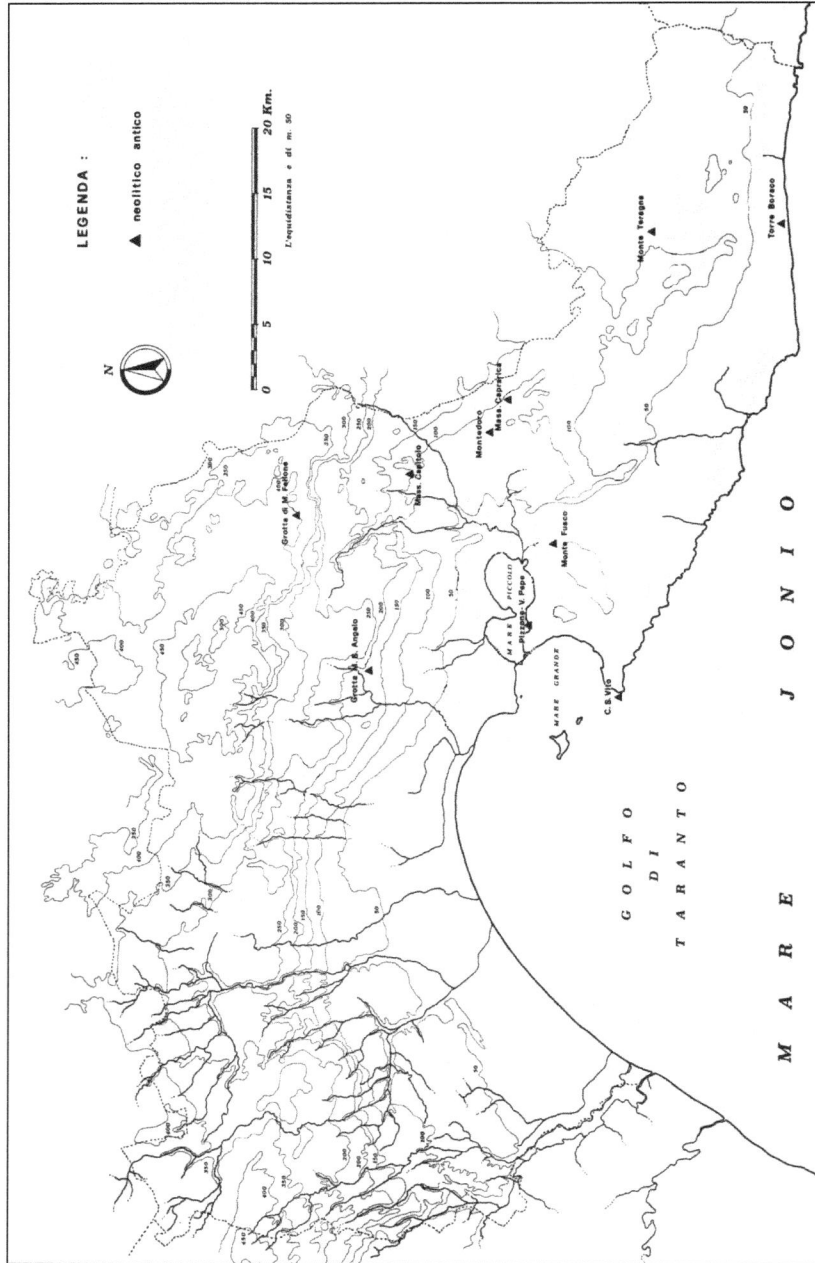

Fig. 2 - Principali siti del Neolitico antico del territorio ionico-tarantino.

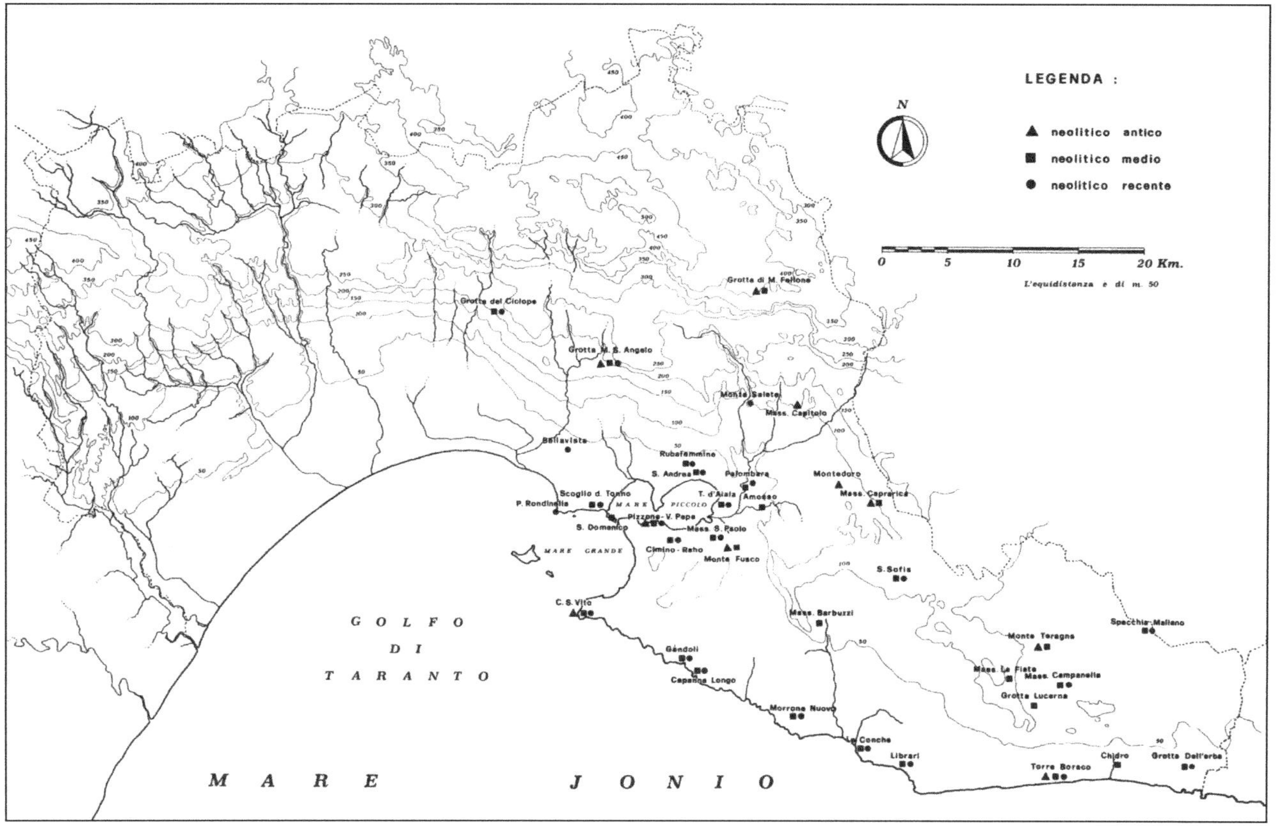

Fig. 3 - Principali siti neolitici del territorio ionico-tarantino.

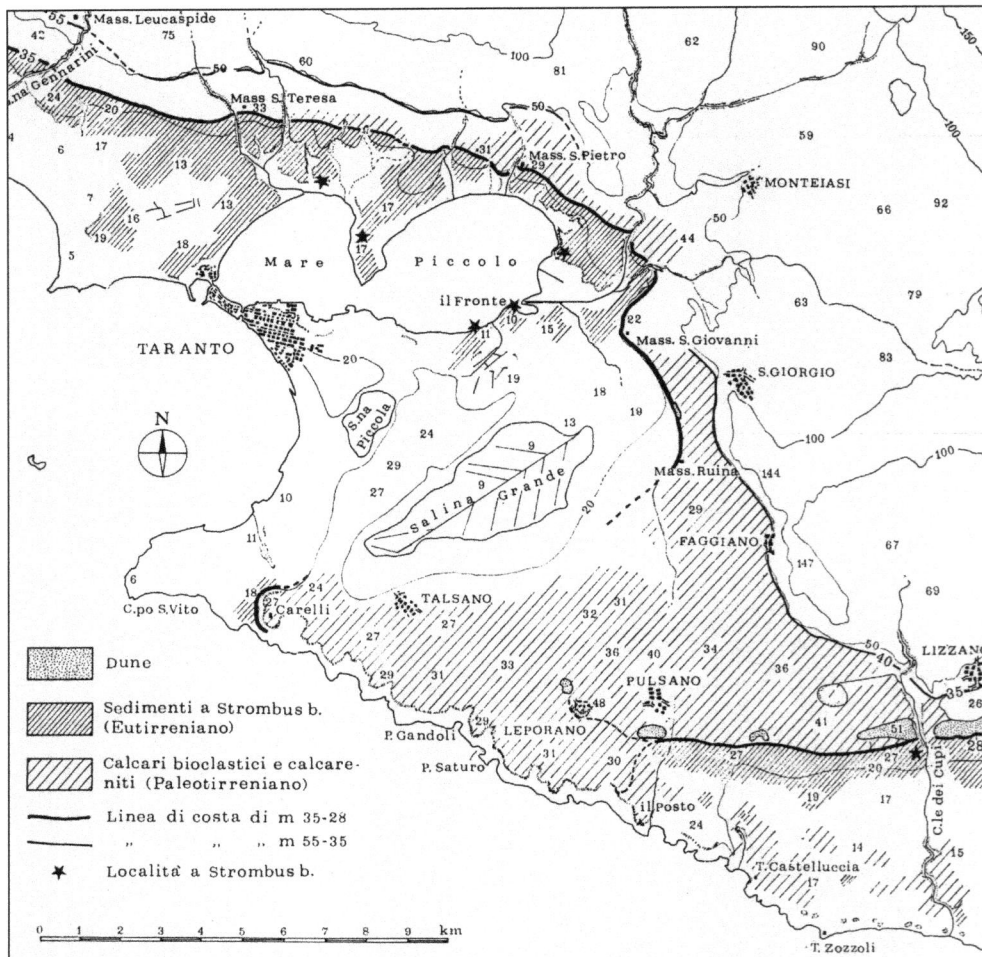

Fig. 4 - Aree di affioramento dei sedimenti paleotirreniani ed eutirreniani ed andamento delle relative linee di costa (da DAI PRA, STEARNS 1977).

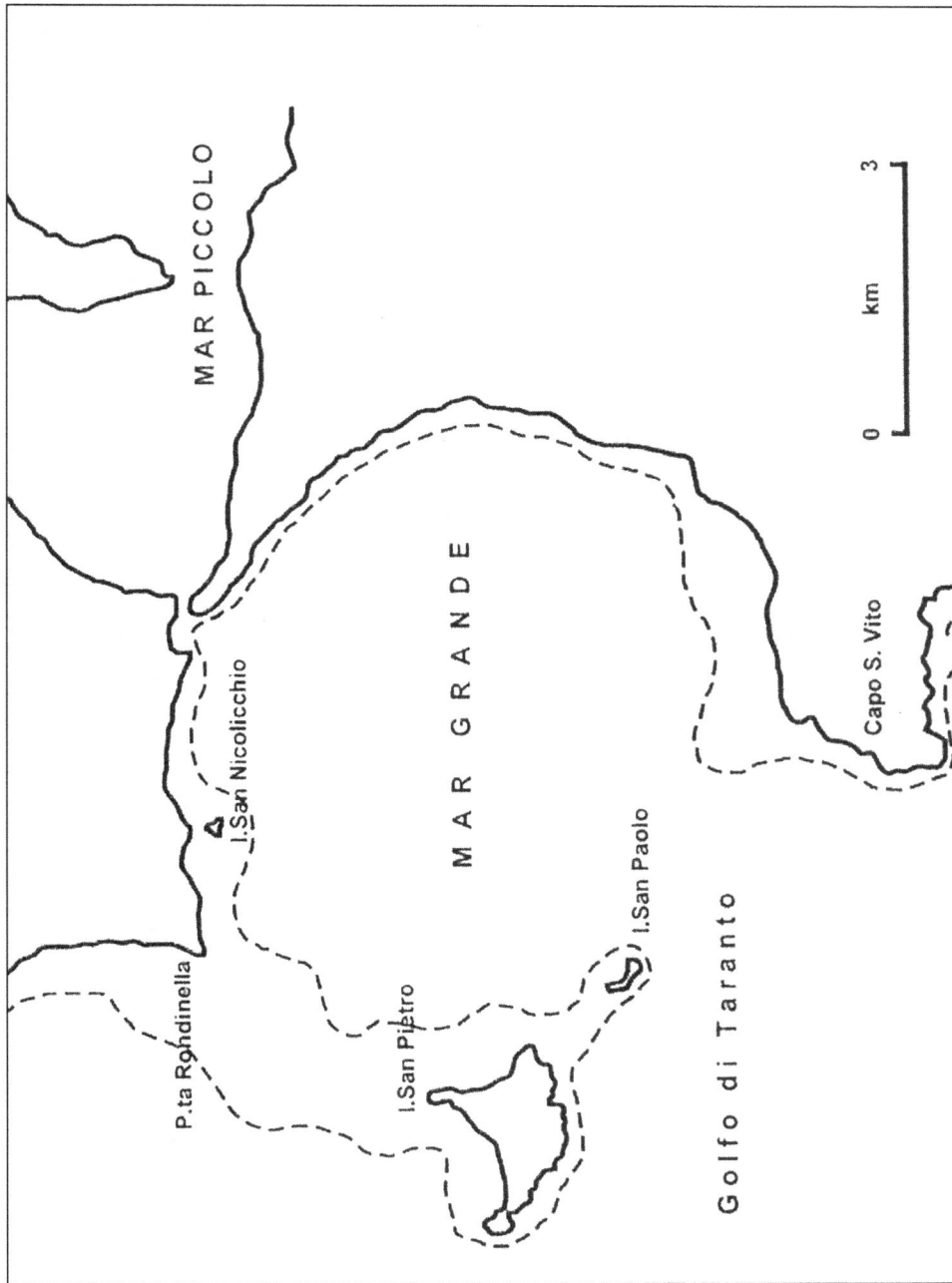

Fig. 5 - Il Golfo di Taranto nell'Olocene: ricostruzione grafica delle linee dicosta (da GORGOGLIONE 2002).

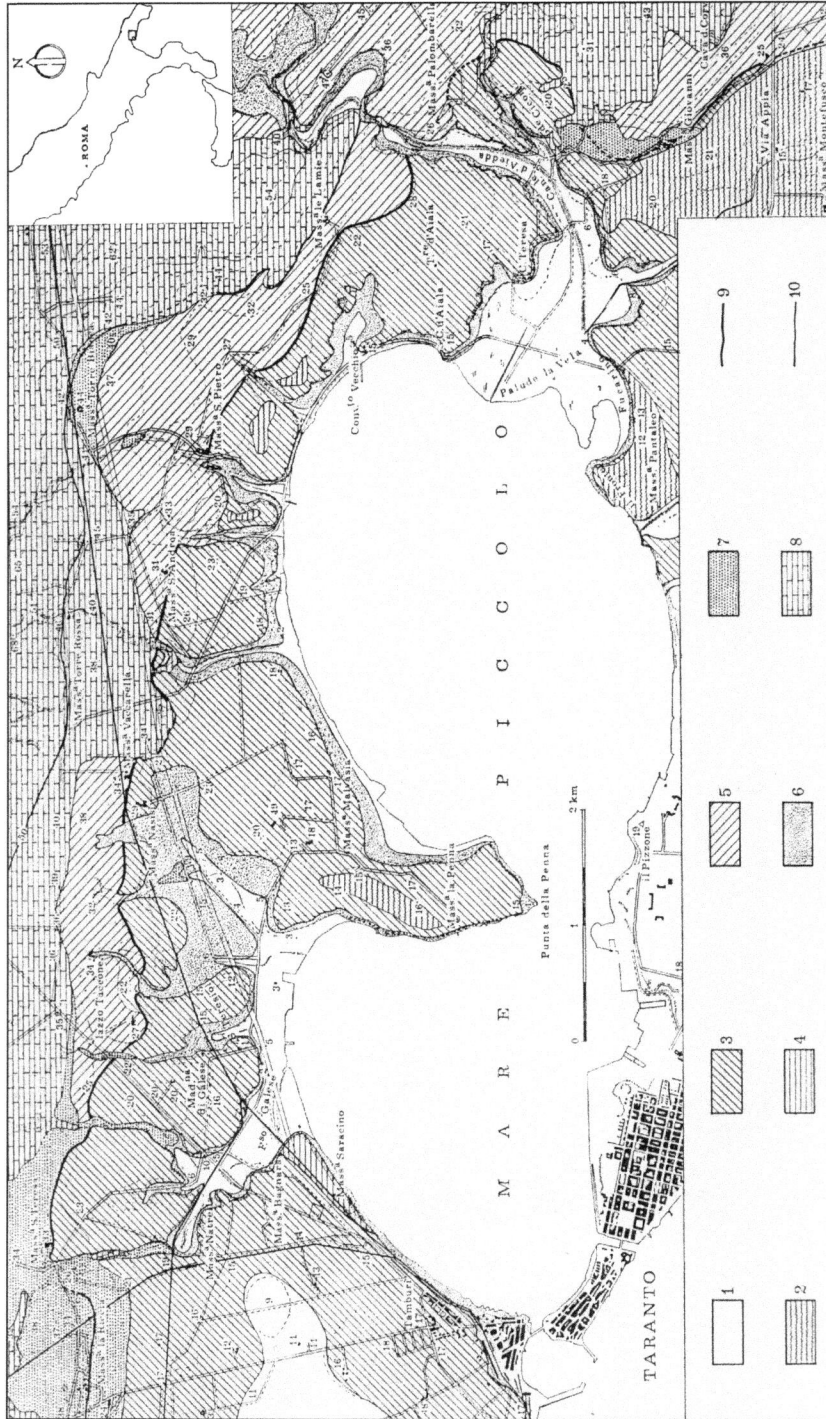

Fig. 6 - Carta geologica dell'area del Mar Piccolo: 1. Sabbie e limi alluvionali, limi palustri (Olocene); 2. Suoli bruni, ghiaie e sabbie arrossate; 3. Calcareniti, calcari marnosi a Strombus bubonius (Eutirreniano); 4. Travertini e crostoni calcarei; 5. Calcari bioclastici e calcareniti tipo panchina (Paleotirreniano); 6. Marne argillose e siltose grigio azzurre a Hyalinea balthica (Calabriano); 7. Calcareniti organogene compatte, bianco giallastre (Plio-Pleistocene); 8. Calcari a Rudiste (Cretaceo); 9. Linea di costa eutirreniana; 10. Linea di costa paleotirreniana (da DAI PRA. STEARNS 1977).

76

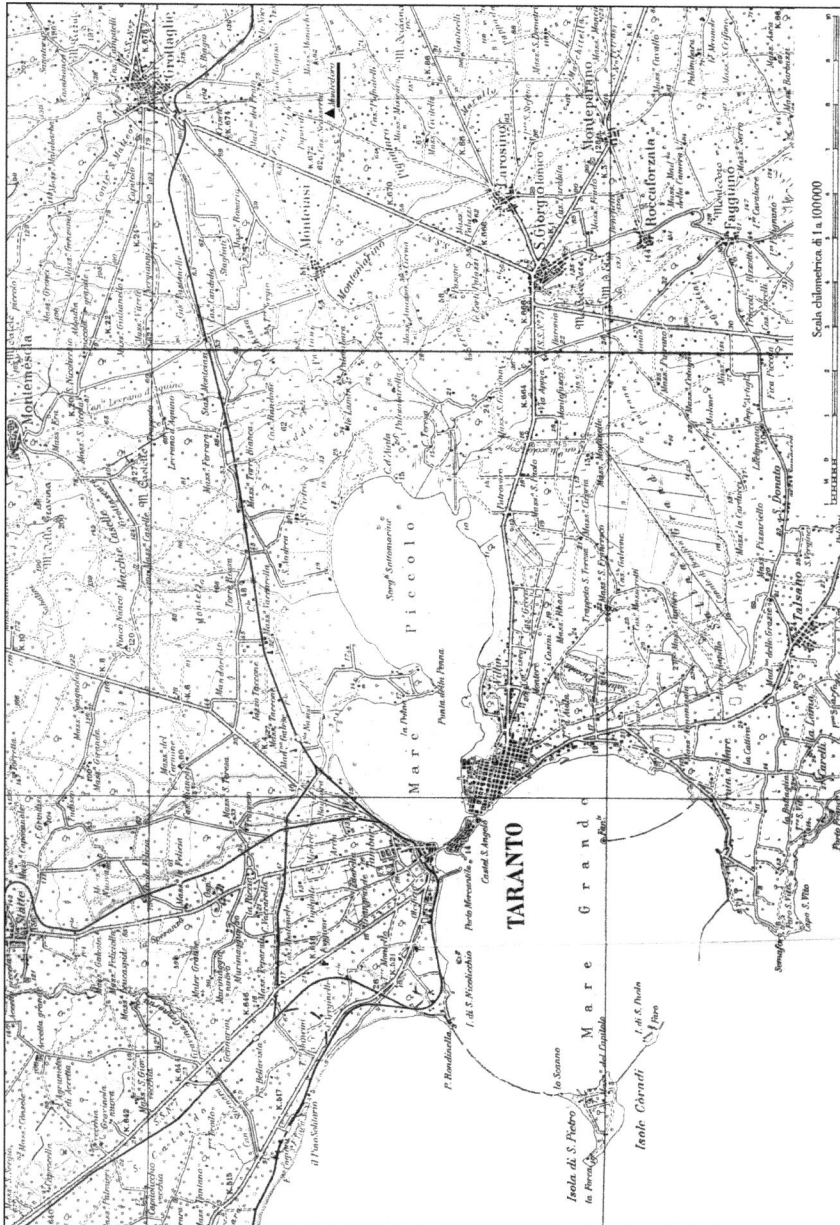

Fig. 7 - Montedoro (Grottaglie, Taranto). Localizzazione topografica (Fogli 201-202-203, I.G.M. 1:100000).

Fig. 8 - Montedoro. Veduta generale della collinetta.

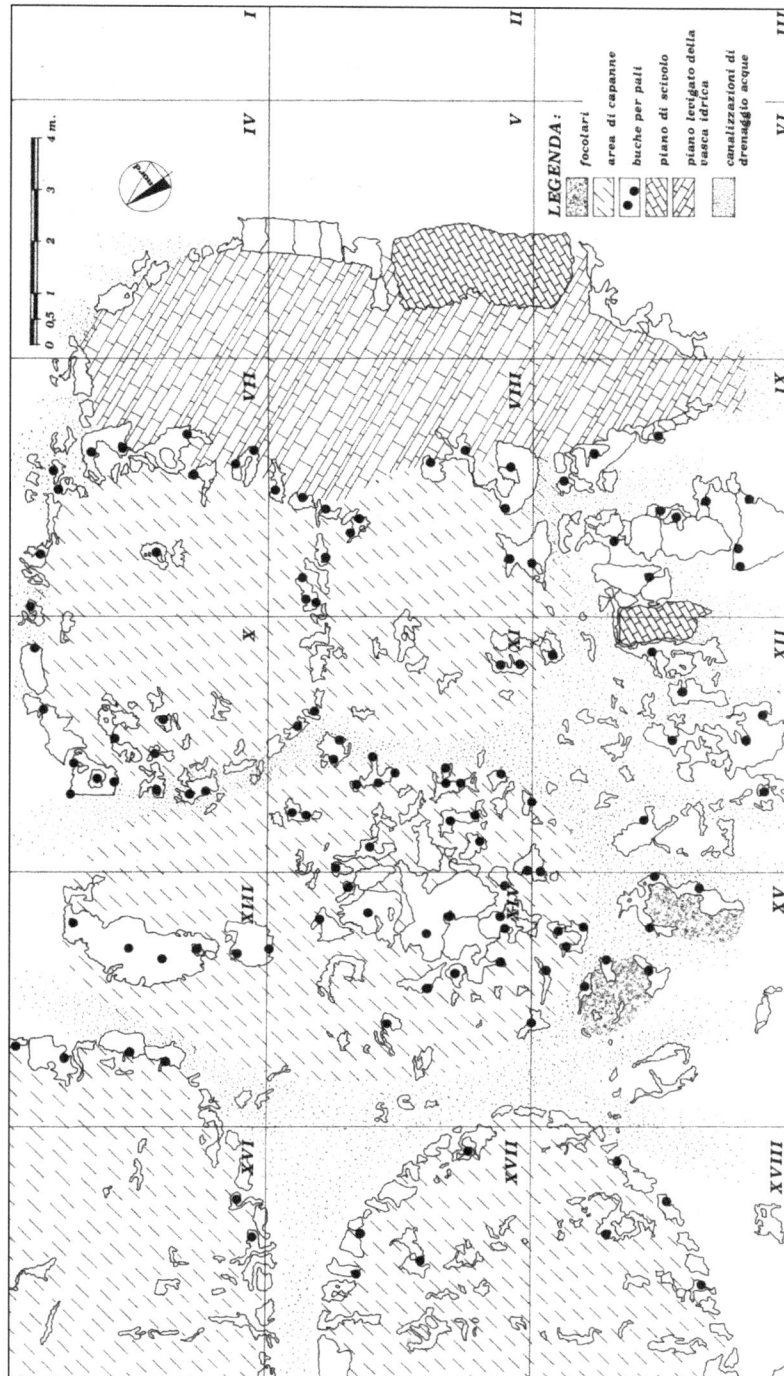

Fig. 9 - Montedoro. Planimetria dell'area di scavo.

Fig. 10 - Montedoro. Veduta generale dell'area di scavo.

Fig. 11 - Montedoro. Base della capanna n.1 e cisterna di raccolta delle acque.

Fig. 12 - Montedoro. Capanna n. 1, ambiente sud.

Fig. 13 - Montedoro. Telerilievo della capanna n. 1, particolare dell'ambiente sud.

Fig. 14 - Montedoro. Base della capanna n. 2, particolare dell'ambiente 1.

Fig. 15 - Montedoro. Base della capanna n. 3.

Fig. 16 - Montedoro. Vasca di raccolta delle acque.

Fig. 17 - Montedoro. Capanne nn. 1, 2 e cisterna di raccolta delle acque.

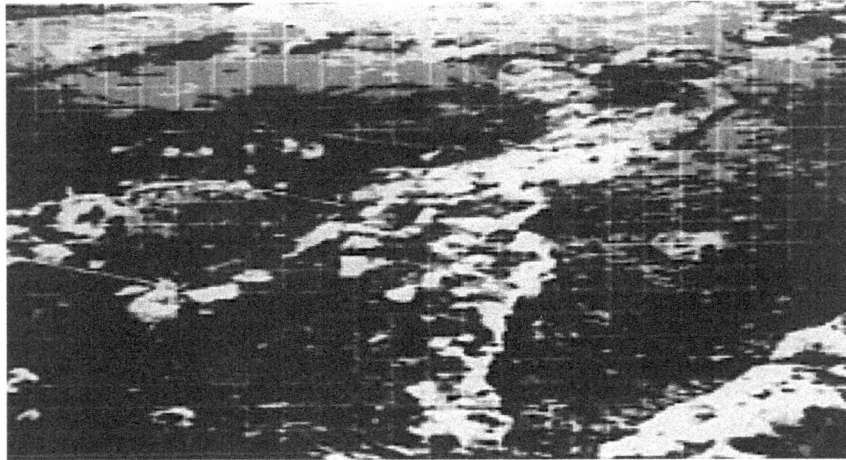

Fig. 18 - Montedoro. Telerilievo della capanna n. 1 e della vasca di raccolta idrica.

Fig. 19 - Masseria Era (Montemesola, Taranto). Veduta generale dell'area di scavo (da GORGOGLIONE 2002).

Fig. 20 - Montedoro. Ceramica impressa e inadorna.

Fig. 21 - Montedoro. Ceramica impressa, fondi vascolari.

Fig. 22 - Le Conche (Lizzano, Taranto). Ceramica impressa e incisa (da FEDELE 1988. Modificato).

Fig. 23 - Le Conche. Ceramica impressa e graffita (da FEDELE 1988. Modificato).

Fig. 24 - Ceramica impressa da Morrone Nuovo (1,4,5) e Pozzella (2,3,6) (da FEDELE 1972. Modificato).

Fig. 25 - Ceramica impressa, incisa e graffita da Librari (1) e Palmintiello (2-9) (da FEDELE 1972. Modificato).

Fig. 26 - Ceramica impressa e incisa da Librari (da FEDELE 1972. Modificato).

Fig. 27 - Ceramica impressa e graffita da Truglione (2-4) e Masseria Cotugno (1,5-7) (da FEDELE 1972. Modificato).

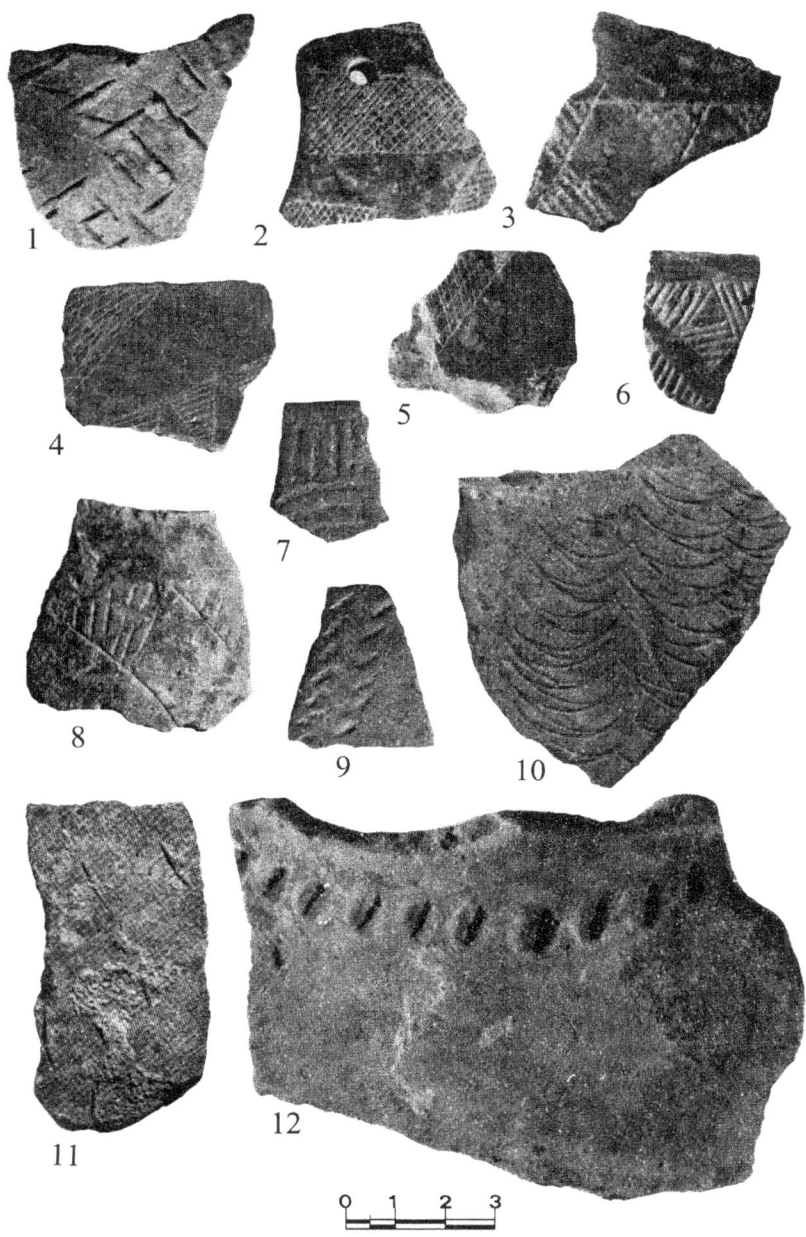

Fig. 28 - Ceramica impressa, incisa e graffita da La Cirenaica (1-9) e Casa Straccioni (10-12) (da FEDELE 1972. Modificato).

Fig. 29 - Ceramica impressa, incisa e graffita da La Commenda (1-3,5), Contrada Bruno-Spirito Santo (4,6-9) e Mirante (10-12) (da FEDELE 1972. Modificato).

Fig. 30 - Ceramica impressa e graffita da Chidro (1-10) e Specchiarica (11-13) (da FEDELE 1972. Modificato).

Fig. 31 - Ceramica impressa, incisa e graffita da S. Pietro (1,2,4-6,9) e Casa Schiavoni (7-8,10-11) (da FEDELE 1972. Modificato).

Fig. 32 - Montedoro. Ceramica incisa e graffita.

Fig. 33 - Montedoro. Ceramica impressa con motivi vari.

Fig. 34 - Montedoro. Ceramica impressa con motivi vari.

Fig. 35 - Montedoro. Ceramica impressa e inadorna, orli vascolari.

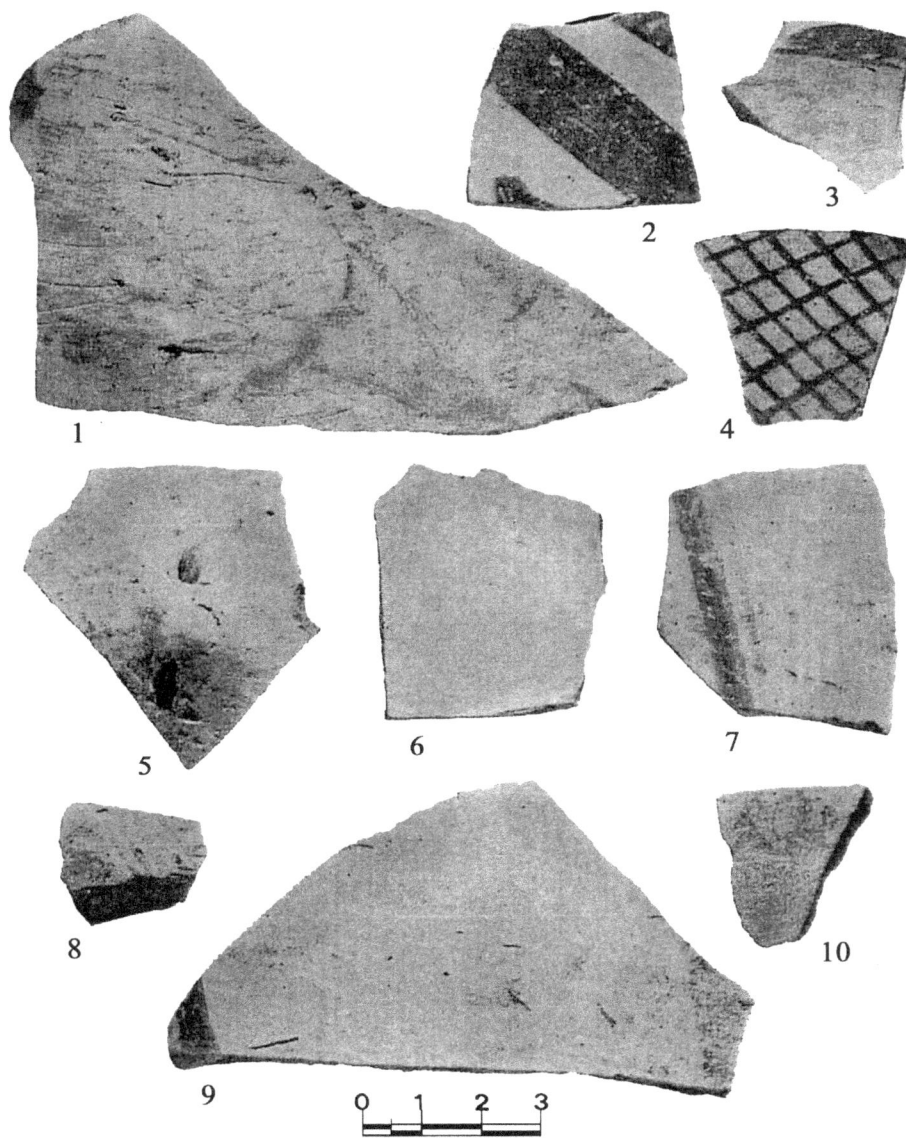

Fig. 36 - Montedoro. Ceramica dipinta bicromica.

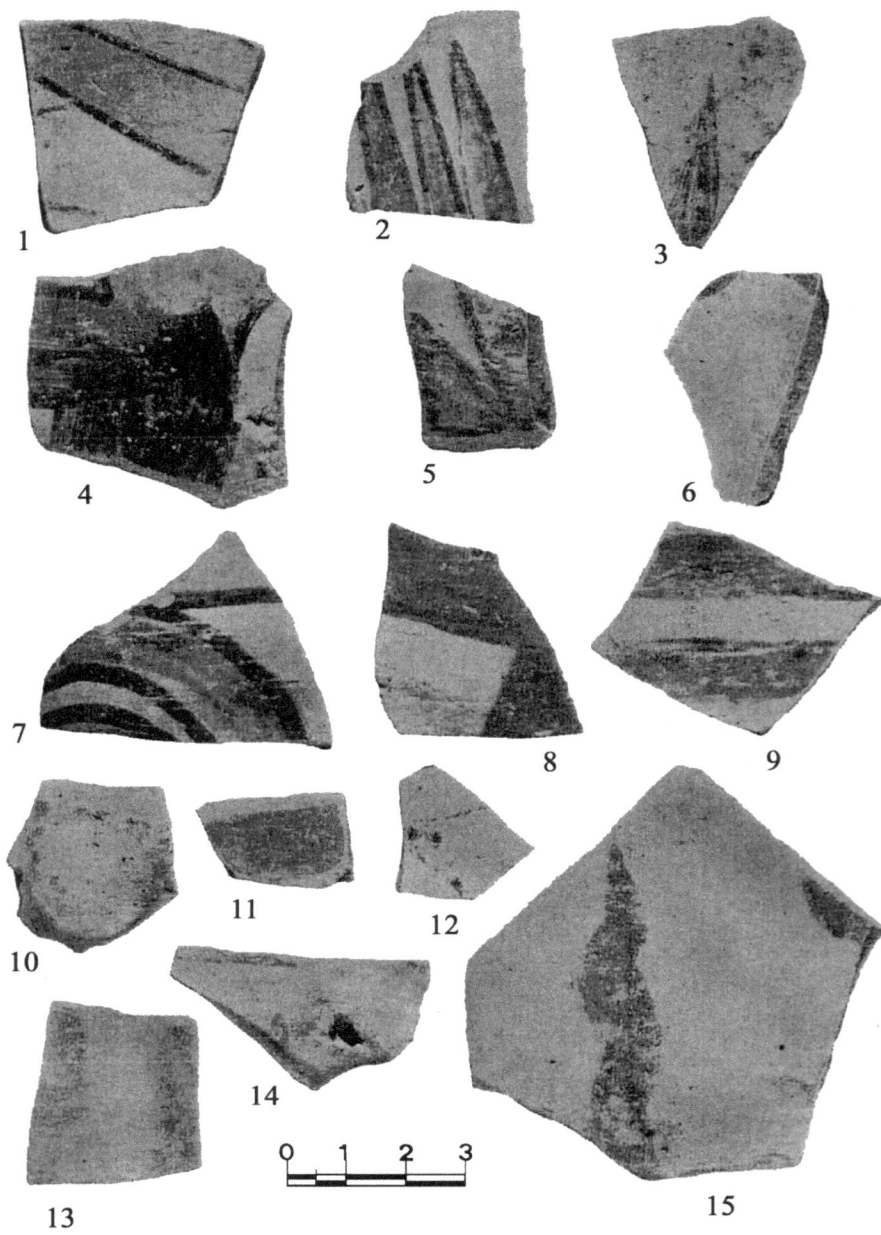

Fig. 37 - Montedoro. Ceramica dipinta bicromica e tricromica.

Fig. 38 - Cimino (Taranto). Protome antropomorfa con occhi e motivi simmetrici graffiti (da FEDELE 1992).

Fig. 39 - Capanna Longo (Leporano, Taranto). Protome antropomorfa con motivi geometrici graffiti (da FEDELE 1992).

Fig. 40 - Montedoro (Grottaglie, Taranto). Protome antropomorfa a "volto indeterminato", con bocca caratterizzata da lunga incisione (da FEDELE 1992).

Fig. 41 - Torre Borraca (Lizzano, Taranto). Protome antropomorfa con volto a rilievo plastico (da FEDELE 1992).

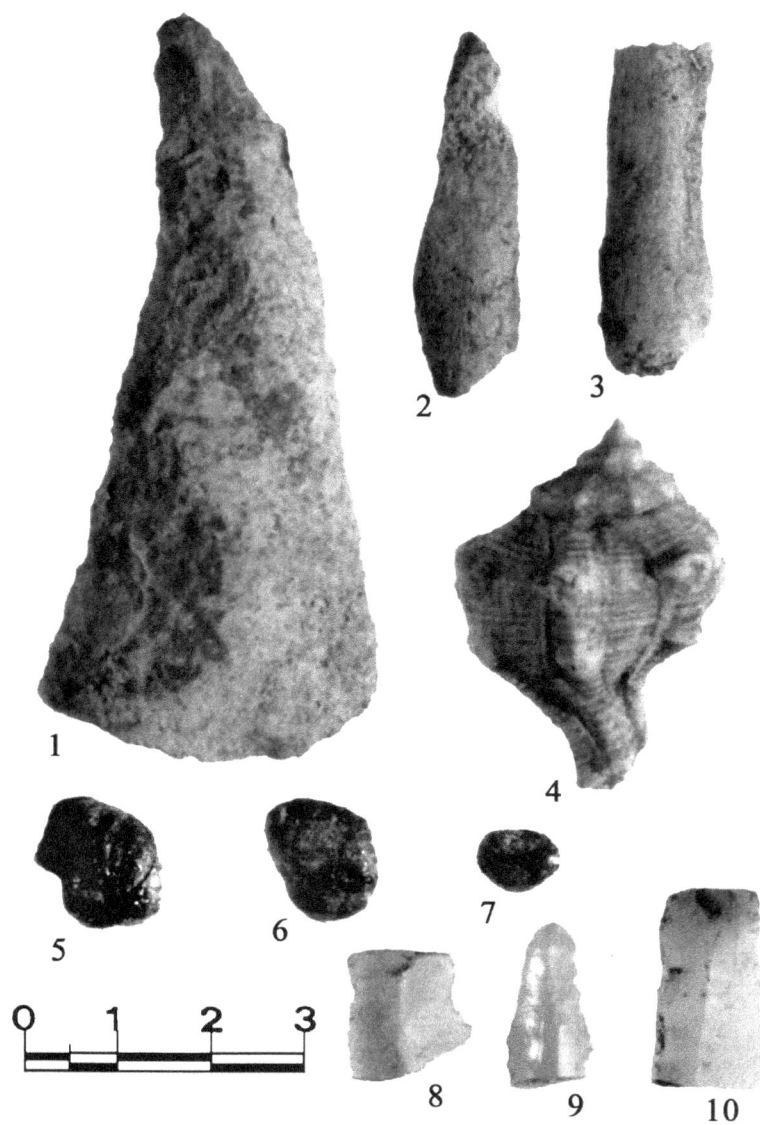

Fig. 42 - Montedoro. Industria litica, ossidiana e resti malacologici.

Fig. 43 - Montedoro. Industria litica e resti malacologici.

INDICI

INDICE DELLE FIGURE

112

Fig. 38. Cimino (Taranto). Protome antropomorfa con occhi e motivi simmetrici graffiti (da FEDELE 1992).

Fig. 39. Capanna Longo (Leporano, Taranto). Protome antropomorfa con motivi geometrici graffiti (da FEDELE 1992).

Fig. 40. Montedoro (Grottaglie, Taranto). Protome antropomorfa a "volto indeterminato", con bocca caratterizzata da lunga incisione (da FEDELE 1992).

Fig. 41. Torre Borraca (Lizzano, Taranto). Protome antropomorfa con volto a rilievo plastico (da FEDELE 1992).

Fig. 42. Montedoro. Industria litica, ossidiana e resti malacologici.

Fig. 43. Montedoro. Industria litica e resti malacologici.

INDICE GENERALE

\